珍藏本
纪念版

汉译世界学术名著丛书

论特权
第三等级是什么？

〔法〕西耶斯 著

冯棠 译

张芝联 校

商务印书馆
SINCE 1897 The Commercial Press

2017年·北京

L'ESSAI SUR LES PRIVILÈGES
QU' EST-CE QUE LE TIERS ÉTAT?

PAR

SIEYÈS

ARNO PRESS

A New York Times Company

New York · 1979

根据纽约阿诺出版社重印法文本译出

汉译世界学术名著丛书
（120年纪念版·珍藏本）
出 版 说 明

2017年2月11日，商务印书馆迎来120岁的生日。120年前，商务印书馆前贤怀揣文化救国的理想，抱持“昌明教育，开启民智”的使命，立足本土，放眼寰宇，以出版为津梁，沟通中西，为中国、为世界提供最富智慧的思想文化成果。无论世事白云苍狗，潮流左右激荡，甚至战火硝烟弥漫，始终践行学术报国之志，无改初心。

迻译世界各国学术名著，即其一端。早在20世纪初年便出版《原富》《天演论》等影响至今的代表性著作，1950年代后更致力于外国哲学和社会科学经典的译介，及至1980年代，辑为“汉译世界学术名著丛书”，汇涓为流，蔚为大观。丛书自1981年开始出版，历时三十余年，迄今已推出七百种，是我国现代出版史上规模最大、最为重要的学术翻译工程。

丛书所选之书，立场观点不囿于一派，学科领域不限于一门，皆为文明开启以来，各时代、各国家、各民族的思想与文化精粹，代表着人类已经到达过的精神境界。丛书系统译介世界学术经典，引领时代思想，为本土原创学术的发展提供丰富的文化滋养，为推动中国现代学术和现代化进程做出了突出的贡献。

为纪念商务印书馆成立120周年，我们整体推出“汉译世界学术名著丛书”120年纪念版的珍藏本，寄望既利于文化积累，又便于研读查考，同时向长期支持丛书出版的译者、编者和读者致以敬意。

两甲子后的今天，商务印书馆又站在了一个新的历史时间节点上。我们不仅要铭记先辈的身影和足迹，更须让我们的步伐充满新的时代精神。这是商务人代代相传的事业，更是与国家和民族的命运始终紧密相连的事业。我们责无旁贷，必须做好我们这代人的传承与创造，让我们的努力和成果不仅凝聚成民族文化的记忆，还能成为后来人可以接续的事业。唯此，才能不负前贤，无愧来者。

商务印书馆编辑部

2017年10月

序　　言

为纪念法国大革命二百周年(1789—1989),我们翻译出版西耶斯的两篇名著:《论特权》和《第三等级是什么?》。这两本小册子先后于1788年11月和1789年1月问世,它们在鼓动革命人民和促进政治社会改革方面起过重大作用,今天读来仍有新鲜感。

从一定意义上说,西耶斯开始了法国革命,也结束了法国革命。埃马努埃尔·约瑟夫·西耶斯(Emmanuel Joseph Sieyès,1748—1836)生于税务官家庭,早年受耶稣会修道院教育,成为神甫,当过夏特尔大教堂议事司铎,享有教会领地。因缺乏宗教虔诚,对神学格格不入,他从未履行神职。对哲学、政治经济学,他有浓厚兴趣,熟读洛克、马布利、孔迪雅克等哲学家的著作。1788—1789年连续发表四本小册子①,抨击两个特权等级(教士、贵族),宣传政治制度改革,从此名声大振。巴黎选他为1789年5月召开的三级会议中第三等级代表,表明他与特权等级的决裂。

在此期间,他积极参与把三级会议改为国民议会的活动,起草《网球场宣誓》(1789年6月20日)和《人权和公民权宣言》(1789

① 除上述两本外,另外两本的题目是《对法国人民掌握的手段的我见》、《在议会中应通过的决议》,均出版于1789年2月。

年 8 月 26 日)；拥护《教士公民宪法》(1790 年 7 月 12 日)；参与制定 1791 年宪法。当选国民公会代表后，他与平原派坐在一起，投票赞成处死国王路易十六，但对其他革命措施往往采取默认和审慎态度。无怪乎后来在谈到革命恐怖时期时，他轻描淡写地说一句："我活过来了。"

热月政变(1794 年 7 月 27 日)后，西耶斯重新站到前台，被选为救国委员会委员(1795 年 3 月)，一度任国民公会主席(1795 年 4 月)。因不满于共和三年宪法(1795 年 7 月通过)，他拒绝参加督政府，但在五百人会(1797 年果月政变后任该会主席)中极为活跃。1798 年被派至柏林任大使。1799 年 5 月任督政官后，他竭力谋求结束革命的途径。此时三十岁的拿破仑·波拿巴将军恰好从埃及回国，西耶斯找到了他亟需的一把"利剑"，于是同他合作排挤其他督政官，发动雾月政变(1799 年 11 月 9—10 日)，从而结束了法国革命。

西耶斯以为此后可以施展自己的政治才能，特别在制定新宪法方面。他拟订了一部宪法草案，以"服从来自下面，权威来自上面"为原则，规定一整套繁琐的牵制机构，上设"大选侯"为荣誉元首。拿破仑对他的权力受限制大为不满，亲自修改宪法草案，并把西耶斯排除在执政府之外。为安抚起见，西耶斯被安排在元老院，拿破仑赏赐他大片领地，后又封他为帝国伯爵。他对拿破仑日益失望，转而支持波旁王朝复辟，但在"百日统治"时，他仍出席贵族院会议。1815 年波旁王朝第二次复辟后，西耶斯因"弑君"罪被放逐，长期定居布鲁塞尔，直至 1830 年七月革命后方回国。1836 年 6 月默然去世。

在《第三等级是什么?》的第三版扉页上,西耶斯加了一个注:"本书作于 1788 年显贵会议期间[1],出版于 1789 年 1 月初。它可作为《论特权》的续篇。"可见两篇有逻辑联系。

法国大革命前二十年的历次改革尝试都宣告失败,其症结在于特权等级的顽抗和阻挠。贵族阶级一方面力图封闭贵族行列的大门,一方面想方设法维持和恢复过时的封建特权,拒绝履行与其他等级平等纳税的义务。代表穿袍贵族利益的巴黎高等法院甚至宣称:"任何制度在人道与仁慈的掩盖下,企图在人与人之间建立义务平等,消灭必要的差别,它必将导致秩序的破坏,社会的覆灭将由此而生。"他们一面叫嚣赋税平等违反"古老的宪法",一面呼吁按古老办法召开三级会议,即三个等级代表人数相等,分别开会议事,每个等级各占一票。这显然对第三等级不利。

西耶斯《论特权》一文集中揭露特权等级的垄断性和寄生性,以及特权的弊端对国家社会的危害。"他们充斥宫廷,包围大臣,独占所有的恩赐、所有的年金、所有的带薪职称。阴谋把目光普遍地投向教会、司法界和军界。它瞥见了一笔可观的收入,或者一种可捞到这笔收入的权力,这种权力与无数的职位相联……设置这些职位不是为了完成应由才干之士来完成的职能,而是为了确保与特权家族相符的境况。"(第 13 页)"所有的大门都对特权者的要求敞开着。他们只须露露面,人人都以关心他们的晋升为荣。人们热情地照管着他们的事务,他们的财富。"(第 15 页)

特权的危害极大,它犹如盗窃:"让某一个人对属于大家的东

[1] 按:显贵会议召开于 1787 年,1788 年为 1787 年之误。

西拥有独一无二的特权,这等于为了某一个人而损害大家。"(第3页)"农业、制造业、商业,以及所有手艺行业,为了维持、扩展,并为了国家的繁荣昌盛,都要求分享由它们出力积累起来的巨额资金,但是毫无结果;特权者吞下了钱,也吞下了人;而这一切都有去无回地奉献给不事生产的特权者了。"(第17页)

特权排斥竞争:"尽管国家经济要求在各方面都任用最能干、最便宜的公仆,而垄断却强行选择最昂贵因而最低能的公仆,因为垄断的明显作用在于制止那些在自由竞争中本来能够显示才能的人有所发展。"(第14页)

总之,"所有特权都是不公正的,令人憎恶的,与整个政治社会的最高目的背道而驰。"(第3页)"人们怎么能够同意为使三十万人得到可笑的荣誉而愿意这样侮辱二千五百七十万人。这里绝无任何符合普遍利益的东西。"(第3页)

如果说,《论特权》的主要任务是"破",那么《第三等级是什么?》的主要任务是"立":破特权等级,立第三等级。

许多作家曾为第三等级的处境鸣不平,但没有人能像西耶斯那样用如此简洁有力的语言和命题来表述第三等级的地位和要求:

"一、第三等级是什么?是一切。

二、迄今为止,第三等级在政治秩序中的地位是什么?什么也不是。

三、第三等级要求什么?要求取得某种地位。"(第20页)

第三等级的悲惨处境是由特权等级的存在造成的。"第三等级犹如一个强壮有力的人,他的一只臂膀还被绑在锁链上。如果除掉特权等级，国家不会少些什么，反而会多些什么。……没有特权等级，第三等级将会是什么？是一切，是自由的欣欣向荣的一切。没有第三等级，将一事无成，没有特权等级，一切将更为顺利。”（第23页）

为了从理论上说明特权等级是国家中的异己力量，西耶斯对国家下了一个定义：“国家是什么？是生活在一部普通法之下并由同一个立法机构代表的人们的联合体。”（第24页）由于特权等级享有同广大公民截然不同的种种权利，他们实际上已脱离了普通法，他们已成为一个大国中的一群独特的人，一个“国中之国”。“由于他们的目的不是保卫普遍利益，而是保卫特殊利益，所以他们的原则和目的和国民是格格不入的。”（第24页）因此，不论他们是旧贵族、新封贵族或非世袭的特权等级，即使坐在三级会议里，都不可能也无权代表人民。必须把他们全部排除在第三等级代表之外。不仅如此，必须把他们全部排除在国民之外。

接着，西耶斯为第三等级提出三个要求：一、第三等级代表只能选自真正属于第三等级的公民；二、第三等级的代表须与两个特权等级的代表在数量上相等；三、三级会议投票不依等级而依人头。这些要求不久都实现了。但是，西耶斯考虑的根本要求是制定一部宪法，只有宪法才能保障人民的基本权利。正是在讨论制定宪法的原则时，西耶斯充分阐发了他的政治观点和法制思想。可以简单地归纳为下述几点：

一、人生来有自然权，国家通过人们的自然权组织起来；

二、国家与人民是同义的、一致的、统一的；

三、主权属于国民，一切公共权力来自国民意志，国民意志永远是合法的，它是一切合法性的根源；

四、制定宪法不是已组成的权力机构（pouvoir constitué）的事，而是由国民委托的、拥有特别权力的代表组成的制宪机构（pouvoir constituant）的事；

五、从根本上说，国民不屈从于宪法，宪法从属于国民，只有国民有权改变宪法，判断宪法引起的争端；

六、宪法被称为根本法，它规定立法机构的组织与作用，又规定执行机构的组织与作用；

七、立法机构实行代议制，国民意志通过代表表现出来，但不管采用什么形式，国民意志永远是最高法律，它是多数人而不是少数人的意志；

八、国民在必要时可在普通代表之外，授予一些特殊代表以应付特别情况的必要权力，协助国民议会，解决宪法问题，结束分歧以及可能出现的混乱。

最后，西耶斯又回到特权等级问题。“必须要么前进，要么倒退；要么废除不公平的非社会的种种特权，要么承认这些特权并使之永存。所以，人们应该感到，在十八世纪末还企图认可封建制度可憎的残余，这是多么荒诞。”（第73页）必须把特权等级坚决排除出立法机构。在这个机构里，只应关心、维护公共利益和权利，而不是集团利益或个人利益。特权等级已成为公共利益的真正敌人，因此绝不能授以代表权。要问“两个特权集团在社会秩序中应占据何种位置：这无异于询问，打算给予在病人体内正在损坏并折磨着病人的恶性脓肿以什么位置。”（第88页）

当时有人认为，人们还没有思想准备来倾听西耶斯的意见；即使听了也会感到震惊。对此西耶斯回答道:“最值得宣布的真理,并不是那种人们已经相当熟悉的真理,并不是那种人们已然准备接受的真理。不,恰恰因为它会刺激更多的偏见、更多的私利,才更有必要加以传播。”(第86页)

在西耶斯看来,行政官与哲学家的看法和做法是不一样的。行政官是按照实际可能按部就班地一步一步前进,只要他的道路是正确的,人们只能赞扬他。但是哲学家不同,他要突破这条道路并把它走到底。“哲学家的职能在于指明目标,因此他必须抵达目标。……哲学家未抵目标便不知身在何处;行政官看不见目标便不知走向何方。”(第20页)因此,西耶斯认为,推进事情的真正办法不是竭力掩盖观点,而是将事业的正义性深入传播到广大公民中去。

西耶斯这两本小册子的实际作用是唤起第三等级与特权等级彻底决裂,促进1789年6月国民议会的建立和8月4日夜封建制的废除。他的政治理论和制宪学说对当时以及后世的资产阶级政治制度的确立产生了相当大的影响。他自称“完成了政治这门科学”,并说《第三等级是什么?》是一部“理论教材,我们革命的重大发展都是根据这部教材行动的”。[①] 他的“制宪权力”的理论授予法国革命中建立的国民议会和国民公会以无限的专政权:它们通过各委员会同时行使管理权和统治权,从而取消了三权分立。自然,制宪权力要发挥作用,必须有强制力量做后盾,如果没有革命人民攻陷巴士底狱、十月示威和一系列暴力行动,这种制宪权力也

① 引自A.索布尔:《文明与法国革命:II.法国革命》,347页,巴黎,1982年。

是不能奏效的。

然而，无论在实践上或在理论上，西耶斯都暴露出许多弱点和矛盾。他提倡主权在民和社会平等，但同时主张把国民分为积极公民与消极公民两类，从而剥夺了一部分人民的参政权。他原先主张成立一院制立法机构，但在起草1799年宪法时又设计一套权力分散的、互相牵制的、多元化立法制度，实际上取消了人民的立法权。他从未具体分析第三等级的各组成部分以及它们之间的利益矛盾，只是笼统地强调公共利益应压倒集团和个人利益。他在理论上维护人民主权，但实际上支持拿破仑的个人独裁。他反对旧贵族的特权，自己却享受新贵族——帝国贵族的特权。……

这一切都说明西耶斯的政治理论与实际行动的脱节，也说明资产阶级在掌权前与掌权后立场的转变。

这两本小册子有多种版本，我们是根据第一版译出的，除保留西耶斯的原注外，增添了一些必要的注释。在翻译过程中，我们遇到一些名词上的困难，曾请教过法学专家，仍不能解决得很理想。例如“nation”一词，有时指“国家”，但在大多数场合都指“国民”、“全民”或“人民”，我们只能根据上下文灵活运用。又如“pouvoir constitué”和“pouvoir constituant”，前者是指已组成的权力机构，后者指“正在组建中”或“负责组建的”或“制宪”的权力机构，因无现成译法，只能根据内涵意译。希望读者指正。

张芝联

一九八八年六月

目　　录

论 特 权

有人说过，**对于获得特权的人来说，特权是优免，而对其他人来说则是丧气**。如果此话不错，那就得承认特权的发明乃是一种可悲的发明。让我们设想一个组织得尽善尽美，无比幸福的社会；要彻底搞乱这个社会，只要将优免给予一些人而使其他人丧气就足够了，这点不是很明显吗？

我想就其起源、本质和作用对特权作一番考察。这样分项考察固然很有条理，但会迫使我一次又一次地重复同样的思想。考察其起源会使我陷入一场有关事实根据的讨论，即一场无休止的争论；因为，只要费尽心机，在许多现象中去寻找，有什么事实找不到呢？如若大家愿意的话，我宁愿假设特权的起源是纯而又纯的。特权的拥护者，亦即几乎所有从中得利的人，也不会有更多的企求了。

无论何种特权，其目的自然都在于**免受**法律的管束，或赋予法律所未禁止的某种事物以**专属权利**。不受普通法约束便构成特权，只有凭借上述两种方式之一，才能摆脱普通法的管束。下面我们将从这两方面，对一切特权一并加以考察。

我们首先要问，什么是法律的目的。无疑是在于防止某人的自由或财产受到损害。人们不是因喜欢制定法律而制定法律。那些只收妨碍公民自由之效的法律，是与一切团体的主旨背道而驰的；必须毫不迟疑地将它们废除。

不得损害他人，这是一条母法，所有其他法律均当由此产生。立法者为维护良好的社会秩序，正是将这一伟大的自然法分门别类地具体变成各种实施条文的；所有的人为法即由此而来。能够阻止人们损害他人的法律是好法律：既不能直接地又不能间接地服务于这个目的的法律必定是坏法律；因为它们妨碍自由，并与真正良好的法律相对立。

由于长期的精神奴役，种种最可悲的偏见得以乘虚而入。人民几乎真诚地相信，他们只有权做法律明文规定的事。他们好像完全不知道，自由先于一切社会，先于所有立法者而存在；也不知道人们之所以结为群体，只是为了使他们的权利免遭恶人的算计，并在这种安全的保护下，致力于更广泛地、更有力地发展他们的精神素质和身体素质，以便得到更丰富的生活享受。所以设置立法者的目的，不是为着给予我们权利，而是为着保护我们的权利。如果立法者限制我们的自由，那只能是针对可能危害社会的行为，因此，凡法律未予禁止的，均属公民自由的范围。

我们借助于这些基本原理便能对特权作出判断。那些以免受法律管束为目的的特权是站不住脚的；我们已指出，所有法律都直接或间接地说：不得损害他人；而对特权者似乎是说：允许你们损害他人。没有任何权力机构得以作出这样的特许。如果法律是好的，人人都应遵守；如果法律是坏的，那就必须将它废除，因为它是对自由的侵害。

同样地，任何人也不应对法律未予禁止的事物拥有独一无二的特权;否则就是夺走公民们的一部分自由。我们亦已指出,凡法律未予禁止的都在公民自由的范围之内,都是属于大家的。让某一个人对属于大家的东西拥有独一无二的特权,这等于为了某一个人而损害大家。这种做法既表现了不公正的思想,又表现了最荒诞悖理的思想。

因此,按照事物性质来说,所有特权都是不公正的,令人憎恶的,与整个政治社会的最高目的背道而驰。

荣誉特权也不得作为例外而不被一律禁止,因为它们具有我们刚才指出的特点之一,即对法律未予禁止的事物拥有独一无二的权利;更不必说,在荣誉特权的伪善名义下,几乎没有任何一种金钱上的好处是荣誉特权不打算侵占的。但是,由于甚至在清醒的人当中,也有若干人公然支持这类特权,或至少要求对之宽容,因而仔细考察这类荣誉特权是否真的比其他特权较可原谅,这是有好处的。

至于我,我直率地说,我觉得它们是又一种邪恶,这种邪恶在我看来甚于所有的邪恶。原因在于它们有腐蚀公民这个大集团的危险,而腐蚀人们当然不是一种小小的坏事。很难设想,人们怎么能够同意为使三十万人得到可笑的荣誉而愿意这样侮辱二千五百七十万人。这里绝无任何符合普遍利益的东西。

给予某些人以荣誉特权,最过硬的理由无非是这些人曾经大大效劳于祖国,也就是效劳于国民,而国民无非就是全体公民。好吧!对有功于躯体的肢体给予奖励;但千万不要荒谬愚蠢到用抬高肢体去压低躯体。公民群众永远是人们为之效力的主体。从任何意义上说,难道能够仅仅因为效力者曾为群众服务应得到报酬而牺牲主体吗？

如此令人吃惊的矛盾本应普遍地为人们所感到。事实远非如此：我们的发现可能显得很新颖，至少非常奇特。这就是，在这个问题上，在我们中间存在一种根深蒂固的迷信，它排斥理性，甚至容不得怀疑。某些未开化的民族以可笑的畸形为美，并将畸形作为自然美加以崇敬。在极北的诸民族中，人们愚蠢地滥加崇敬的，正是一些更为畸形的政治赘疣，由于它们汲干了社会机体而尤为有害。但是迷信一旦消失，被它毁坏的机体便以其全副力量及其自然美重新出现。

什么！有人说道，难道你不愿承认为国家所作的功绩吗？请原谅，但是我不能把任何不公正或使人堕落的东西当作国家给予的酬报；因为不应该以损害一个人来酬报另一个人。让我们切勿把特权与酬报这两种截然不同的东西混为一谈。

你们说的是平常的劳务吗？报偿这类劳务的有普通的薪水或同样性质的赏赐。是由于完成一项重大任务或建立一项卓著的功绩吗？那就请根据应予酬报者的才干，给予迅速的晋升或显要的职务。最后，倘若必要，不妨增加年金，但是这种情况应该为数极少，并且只能用于年迈、伤残等具体情况而不能用任何其他手段给以足够报偿的时候。

你们说，这还不够；我们还需要显赫的荣耀；我们要确保得到公众的尊重和敬意……

在这方面，我可以用简单常识来回答你们：真正的荣耀存在于你们为祖国和人类所作的贡献之中，公众的尊重和敬意不会不给予建立了这类功绩的人。

放手让公众自愿地去表示他们的敬意吧。当你们根据你们的哲理把这种尊敬看作精神货币，看作一种效果显著的力大无穷的精神货币时，你们是对的；但如果你们要让君主擅自分发这种精神货币，那么你们就很不清醒了。这是公众的财产；是他们最后的财产；但是大自然比你们更懂哲理，它把敬意这种感情仅仅与人民的感激之情相联系。因为祖国存在于，而且只存在于人民之中，那里才是真正的需要；这些神圣的需要虽为政府所轻视，但却永远为品德与天才所崇敬。啊！让自然的奖励从国民的怀中自由地流淌以偿还它的债务吧。丝毫也不要干扰在伟人为人民所作的贡献与人民对伟人表示的敬意之间的这一崇高的交流。只要是产生于这些天然的、自由的关系，这种敬意的表示便是纯洁的、真诚的，它将带来幸福与品德。但是，如果宫廷控制了它，就会腐蚀它，就会失掉它。公众的尊敬就要迷失在被阴谋、恩宠或罪恶的同谋所毒化的沟渠中。品德与才华得不到酬报，而相反的，各式各样斑驳陆离的标记与勋章则强使人们对于平庸、卑鄙与邪恶表示尊重与敬意；结果，种种荣耀窒息了真正的荣誉，而使人们的心灵堕落。

但是我很希望你们这些品德高尚的人千万不要混淆值得报答的人与必须惩罚的人；至少应该同意，假如拥有你们已给予荣耀的那个人竟然堕落了，那么，这种荣耀只能使一个卑鄙的人，也许是一个祖国的敌人受到尊敬。这样一来，你们就把公众敬意的一部分割让给他而无法挽回。

相反，来自人民的尊敬必然是自愿的，一旦享有者不配受到尊敬时，便立即收回。

这才是与品德高尚的公民的灵魂永远相称的唯一奖品；能鼓

励高尚的行为，而不是激起人们追求虚荣和骄傲的唯一奖品；不凭权术和卑鄙伎俩便可追求并获得的唯一奖品。

再说一遍，让公民们根据他们的感情来给予荣誉，让他们尽情地抒发这种令人愉快和鼓舞的感情，他们好像出于灵感而知道如何表达这种感情，而那时你们将会知道，在所有精力充沛的人们的自由竞争中，在从事各类善行的重重努力中，公共的敬崇这一伟大原动力对于社会的进步应该产生些什么结果。

但是，你们因懒惰和骄傲而更迁就特权。我看到，你们不是要求由你们的同胞来褒扬，而是力求使自己有别于你们的同胞。如果确实如此，你们既不配受褒扬，也不配突出于同胞，当人们论功行赏时，你们就不再是考虑的对象了。

以上是对荣誉特权的一般看法，现在让我们考察它们的作用，既考察对公共利益的作用，也考察对拥有特权者本身利益的作用。

当君主赋予一个公民以特权者的特征，从这时起，他便把这个公民的心灵引向一种个人利益，并且或多或少地使它对公共利益不再关心。对他来说，祖国的概念缩小了；祖国的概念只局限于接纳他的那个社会等级。他的一切努力，从前卓有成效地用来为全民事业服务，现在将转过来反对全民事业了。人们本想鼓励他做得更好，结果却使他堕落。

于是在他的心灵中产生了一种高人一等的要求，一种贪得无厌的统治欲望。这种欲望不幸与人类体质极为相似，乃是一种真正的反社会病；无人不曾千百次地感受到这种欲望的存在，如果说这种欲望因其本质而始终是有害的，那么，请大家判断一下，当它受到舆论和法律大力支持时，将造成什么样的破坏。

让我们探究一下一个特权者的各种新情绪。他自以为和他同类的人形成了一个独立的等级，形成一个民族中的选民。他认为他首先对他的社会等级中的人负有义务；即使他继续关心其他人，这些人也不再是自己人，事实上不过是外人而已；再也不是他曾是其肢体的那个躯体，而只是老百姓，在他的言语及心灵中瞬即成为不值一文的人们，一个生来专为伺候人的阶级，而他则相反，生来就是为了治人，为了享受。是的，特权者确确实实竟然自视为另一类人。[①]这种看法乍看言过其实，并且似乎和特权概念相去甚远，然而却不知不觉地变成了特权的自然结果，最终在人们的头脑中确立下来。我就此问问每一个坦率、诚实的特权者，因为这样的人无疑是存在的：当他看到在他身旁有一个小民百姓，此人来此并非求人给予庇护，这位特权者最为经常的、不由自主的动作，难道不就是厌恶，不就是以最无关紧要的借口，用伤人的话语或轻蔑的姿态，随时准备脱身吗？

虚假的个人优越感对于特权者是如此珍贵，以至要把它扩大到他们与其他公民的一切关系中去。他们生来绝不与人混杂，与人平起平坐，与人共处，等等，等等。与人争执，错误时显得理亏，这本质上是丢脸；即使有理，也是有失身份，等等，等等……

但尤其必须看到在遥远的乡村，在古老的城堡中，这种感情怎样从目空一切、游手好闲中滋生、膨胀。正是在那里，特权者互相尊重，知道一个高贵的人的全部价值，并任性地蔑视他人！正是在那里，人们真诚地抚爱和崇拜他们高贵的尊严，尽管维护这类迷信的一切努力都不能使如此可笑的谬误具有最低程度的真实性，这无关紧要，特权者对此一往情深，坚信不疑，犹如比雷埃夫斯的疯子相信他的幻想一样。②

虚荣对于常人说来是个人的孤芳自赏，在这里却迅速转变为不可遏制的集体精神。

特权者若是从他所蔑视的那个阶级遇到哪怕只是微不足道的不快，首先他发怒；他感到权利受到了伤害；他认为他的利益、他的财产也受到了伤害；他随即煽风点火，挑动所有他的特权同伙，最终组成一个可怕的联盟，这个联盟准备不惜一切来维护然后扩大他的可憎的权利。

政治秩序就是这样被颠倒了，只露出一个令人厌恶的贵族制。

然而，有人会说，在社会上人们对非特权阶级是以礼相待的，如同对其他人一样。第一个注意到法国人彬彬有礼的并不是我。法国的特权者讲礼貌，并非因为他们要以礼待人，而是因为他们认为对自己有义务讲礼貌。他们所尊重的并不是别人的权利，而是他们自己，他们的尊严。他们决不愿在举止上混同于所谓的下等人。我有何可说呢？他们担心的是，受到他们礼遇的人会把他们当作和自己一样的非特权者。

……我们要提防被这些装腔作势的欺人外表所迷惑；要头脑清醒，一眼看穿里面包藏的货色，那就是我们所憎恶的那些特权的傲慢的属性。

为了解释人们何以如此炽烈地渴求获得特权，大家也许会想，至少一种牺牲公共幸福而有利于特权阶级的个人幸福已经形成，构成这种个人幸福的是一种优越地位的诱人魅力，享有这种优越地位的人为数极少，向往它的人为数众多，而其余的人迫于无奈便以种种嫉妒或仇恨的手段进行报复。

大家难道忘记了，大自然从不强迫人们接受软弱无力或形同虚设的法律，它决定只以平等为原则赐人以幸福？大家难道竟不知道，拿虚荣来换取构成真正幸福的大量自然感情的交易，是一项不可靠的交易吗？

让我们听听我们在这方面的亲身经历，看看所有大特权者、达官们的经历，在外省，他们因其等级而尽享所有优越地位带来的所谓魅力。这种优越地位为他们造福无穷；然而他们却自感孤独，百无聊赖使他们的心灵疲惫，并剥夺了自然的权利。请看，他们怀着那股急不可耐的热情回到首都来寻找地位相等的人，在虚荣的土地上不断播下种子，而人们能在那里收获的却只是些傲慢的荆棘和烦恼的罂粟，这岂不荒唐之极吗？

我们绝不能把仅仅意味着统治者与被统治者的那种法律上的优越地位，与荒谬空幻的、由特权所造成的优越地位混为一谈。法律上的优越地位是真实的，是必要的。它并未使一些人骄傲，使另一些人羞辱，这是职务上的优越地位，而非个人的优越地位；然而，既然连这种职务上的优越地位也不能补偿平等带来的甜蜜，那么对普通特权者所沉湎于其中的幻想又当作何感想？

啊！要是人们愿意了解自己的利益所在，要是他们懂得为自己的幸福有所作为，那该有多好！如果他们同意睁眼看一看，这种残酷的轻率如何使他们长期以来蔑视自由公民的权利，去追求空虚的奴役特权，他们就会迫不及待地公开放弃他们从小就受其熏陶的大量的虚荣！就会对那类与专制制度结合得如此紧密的事物秩序失去信任！公民权利包括一切；特权损害一切，而且丝毫也不能补偿。

到现在为止，我把所有特权混在一起，没有区分世袭的特权与人们自己取得的特权；这并不是说，它们在社会中同样有害，同样危险。如果恶事与荒谬有先后次序的话，毫无疑问，世袭特权应该居首位，我不屑于费脑筋去证实一个如此明显的真理。把特权变成一种可以世代相传的财产，这就等于把为赋予特权强辩的那些微不足道的借口也抛在一边了；这无异于丢弃一切原则，一切理性。

还有其他一些见解可以进一步揭示特权的恶劣作用。让我们首先注意一个普遍的真理：这就是，一个错误的概念只需用个人利益加以充实，并以若干世纪的先例加以证明，便可迷惑一切理智。不知不觉地，从偏见到偏见，终于形成了一整套极端反理性的说教，而令人无比厌恶的是，人民由来已久的盲目轻信从未动摇。

因此，我们看到，在国民甚至还不曾想到提出抗议的情况下，在我们眼皮底下出现了众多的特权者，他们带着宗教般的信仰，宣扬他们仅凭出身便有权获得荣誉，仅因生存便有权享受人民奉献中的一份。

实际上，特权者认为把自己看作是另一类人还不够；他们竟然谦虚地而且几乎是真诚地认为，他们自己和他们的后裔都是人民的需要，而不是公职人员；以这样的身份，他们就好像是受公众委托的全体代表，不管他们来自哪个阶级。正由于形成了一个特权集团，他们才自以为对生活在君主制下的任何社会都是不可或缺的。在同政府首脑或同君主本人讲话时，他们就以王位的支持者和国王的天然捍卫者的身份出现，反对人民；反之，在同国民讲话时，他们就一变而为人民的真正保卫者，仿佛人民没有他们，就会马上被专制制度碾得粉碎。

政府只要稍微明智一点，便会看到，一个社会只需要在法律保护下生活着与行动着的公民，以及一种负责照管和保护的监护权威。我们说过，唯一必要的等级制度建立在那些代行主权的人们之间；正是在这里，人们才需要将权力分成等级；正是在这里，才存在真正的上下级关系，因为国家机器只有借助这种联系方能运转。

除此之外，只存在法律面前一律平等的公民，他们全是从属的，但并不是这一些人从属于那一些人，因为这将是无用的仆从关系，而是从属于那个保护他们、捍卫他们、并为他们仲裁等等的权威。拥有大宗财产的人并不比靠薄薪度日的人高一头。如果说富人缴纳的捐税较多，那是因为他们要求保护的财产较多。但是穷人的铜子难道就不那么珍贵，他们的权利难道就不那么值得尊重吗？他们的安全就不应受到至少是同样的保护吗？

正是通过混淆这些简单的概念，特权阶级侈谈什么必须建立隶属关系。有人想用武士精神来评论民事关系，结果把国家仅视若一个庞大的兵营。在一本新出的小册子里，有人竟敢把军官与士兵比作特权者与非特权者！武士精神与僧侣精神有密切关系，如果你们征询有僧侣精神的人，他也会回答：要使一个国家秩序井然，只有将它置于统治着无数受难者的那些规章之下才行。僧侣精神以一种不太卑鄙的名义，在我们中间享有比人们想象的更多的声誉。

只有那些对社会上人与人之间的真实关系一无所知的人才抱有这些观点。无论一个什么样的公民，他若不是受托行使权力的人，除了致力于改善自己的命运，享受自己的权利而不损害他人的权利，也就是说不违反法律，还有别的事情要做。公民对公民的一切关系都是自由关系。一个人贡献他的时间或商品，另一个人用他的金钱与之交换；这里丝毫不存在隶属关系，而是一种持续的交换……若是在你们狭隘的政治中，你们分出一个公民集团，把它置于政府和人民之间，要么这个集团分担起政府的职能，那样，它便将不是我们所说的特权阶级；要么它不承担公共权力的基本职能，那样就请向我解释一下，这个中间集团如果不是一个不相干的、有害的集团还能是什么？因为这个中间集团不是在统治者与被统治者的直接关系中作梗，就是对国家机器的各个部门施加压力，就是因其迥然不同于公民大集体，而变成社会的又一个负担。

公民的各个阶级均有其职能，均有其特殊的工作种类，这些职能和工作的总和构成社会的总运动。假如其中有一个阶级企图摆脱这种普遍规律，人们便可清楚地看到，这个阶级不满足于无所作为，而且必然要成为别人的负担。

社会的两大动力，一是金钱，一是荣誉。社会得以维持正是由于人们既需要这种动力，也需要那种动力，在一个懂得良好风尚的价值的国家里，不能让人感到需要其中的一个而不需要另一个。每一种行业都要考虑公众的评价，而要求得到公众的好评乃是对酷嗜财富的一种必要约束。必须考察在特权阶级中，这两种感情是如何必然变化的。

荣誉对特权阶级来说，是有保证的；这乃是这个阶级的必然的附属物。对其他公民来说，让荣誉作为善良行为的奖励，这样很好。至于特权阶级，他们只要生下来便享有荣誉。他们不感到有必要去赢得荣誉，所以，凡是能博得荣誉的事，他们一开始就可以不屑去做。

至于金钱，特权阶级确实应该强烈地感到有此需要。他们甚至比别人更倾向于放纵这种强烈的贪得欲望，因为他们的优越地位带来的偏见不断地怂恿他们挥金如土，而且因为当他们放纵贪得的欲望时，不必像其他人那样顾虑失去任何荣誉、任何尊敬。

但是有一种奇怪的矛盾，一方面，等级偏见不断地促使特权者挥霍自己的财富，另一方面，等级偏见又绝对地禁止他们依靠几乎一切正当途径来恢复财富。

既然特权者比别人更为贪财，那么他们还能用什么别的办法来满足这种贪欲呢？不外乎阴谋与乞讨。这两种行当变成了这个公民阶级的特殊行业。由于只操此业，所以他们精通此道；凡是这两种才干能获得硕果的地方，他们便厕身其中，排除来自非特权等级的一切竞争。

他们充斥宫廷，包围大臣，独占所有的恩赐、所有的年金、所有的带薪职称。阴谋把目光普遍地投向教会、司法界和军界。它瞥见了一笔可观的收入，或是一种可捞到这笔收入的权力，这种权力与无数的职位相联，而过不多久，它终于把这些职位看成金钱职务，设置这些职位不是为了完成应由才干之士来完成的职能，而是为了确保与特权家族相符的境况。

他们并不因自己的阴谋伎俩娴熟老练而高枕无忧；由于他们担心，在某些短暂的时刻，大臣会因想到公众利益而一时清醒，所以他们及时利用某些行政官员的无能或背叛；他们终于通过一些手续完备的法令或一套相当于专属法的行政制度，使他们的垄断得到了认可。

这样就使政府屈从于那些对整个国家经济破坏性最大的原则。尽管国家经济要求在各方面都任用最能干、最便宜的公仆，而垄断却强行选择最昂贵因而最低能的公仆，因为垄断的明显作用在于制止那些在自由竞争中本来能够显示才能的人有所发展。

特权阶级的乞讨对于公共事务妨害较少。这是一种贪食的树枝，它尽其可能地吸取液汁，不过至少它不打算取代有用的主干。像一切乞讨一样，它也是伸出手去，竭力激起恻隐之心，从而无偿地取得施舍；只是样子不那么卑躬屈膝，必要时，不像是在乞求布施，而像是在命令人家完成一种义务。

此外，对舆论来讲，只要这里所说的阴谋与乞讨专用于特权阶级，那么它们便成为可敬的，而且果真得到了尊敬；人们爱听他们大肆吹嘘自己在这类事情上的成功，他们所激起的是羡慕和竞争心，从来不是蔑视。

这类乞讨主要施用于宫廷，在那里最有势力而且最富有的人们从乞讨中得到最先最大的好处。

从宫廷开始，这种富有成果的榜样一直影响到外省的穷乡僻壤，使那种游手好闲地靠损害公众为生的体面愿望活跃起来。

问题并不在于特权等级已经是王国中无人匹敌的首富；也不在于几乎所有的土地和财富都属这个阶级的成员；而是挥金如土的嗜好、挥霍无度的乐趣远远超过了他们的支付能力。

有人一听说贫困一词与特权者一词连结在一起，就发出一种愤怒的叫喊。一个特权者竟无力维护自己的荣誉、自己的尊严，实在是民族的耻辱，必须赶紧补救这种国家的混乱；尽管人们没有为此而明确要求额外征收捐税，但很显然，国库的一切支出不可能有别的来源。

行政机构由特权者组成,这不是没有作用的。行政机构以父亲般的慈爱照管着特权者的全部利益。这里有富丽堂皇的,据说是为全欧洲所夸耀的学校设施,给男女贫寒特权者以教育。虽然机遇显得比你们的制度更聪明,宁愿把迫于生计的人引导到靠劳动来谋生这条普遍规律中去,然而却是枉然。你们把这种良好秩序的重建只看作是命运作祟,你们严加提防,不让你们的学生养成从事一种普通的借以为生的职业习惯。

在你们美妙的计划中,你们竟然启迪学生,要他们为自幼就成为公民的负担而感到自豪,仿佛在任何情况下,需要施舍会比不需要施舍更加光荣!

他们欣然同意接受你们的慈爱的第一个保证,为此,你们用资助、津贴、勋章绶带来酬谢他们。

年轻的特权者一过童年便有了社会地位和薪俸;而有人竟然还抱怨薪俸微薄!可是看看那些同龄的非特权者吧,他们只能从事那些必须有才能而且经过学习才能胜任的职业;看看他们在侥幸地得到机会用自己的劳动维持生计之前,纵然从事十分繁重的劳动,有谁能不长期依靠父母的大量补贴!

所有的大门都对特权者的要求敞开着。他们只需露露面,人人都以关心他们的晋升为荣。人们热情地照管着他们的事务,他们的财富。国家本身,即国家机关,不得不一次又一次地协助安排家庭、商订婚姻、置办家产,等等,等等。

受惠较少的特权者到处都可以找到丰富的财源。为男男女女设置的大量神职、一些挂名的或目的不正而且有危险性的军阶,为他们提供薪俸、外快、津贴，而勋章总是少不了的。而且，我们父辈的过错仿佛还不够，从某个时期以来，人们满怀热情张罗着把这些数目已经相当可观的无功之禄再增加一些。

若以为特权乞讨者不屑于那些不起眼的机会或微薄的赈济，那就错了。国王用于恩施的资金大部分被他们吸走了；用不着等到真正忍饥挨饿，只要他们的虚荣心得不到满足就可以在特权等级中喊穷了。因而，所有公民阶级的真正的贫穷都是为满足各种虚荣心的需要而造成的。

那些保留地方三级会议的地区长期以来负责给贫困的特权阶级发放津贴。各地方政府已在步此高贵的后尘，而三个等级在一起（因为它们还仅由特权者组成），怀着崇敬的赞赏之情，倾听所有能解救贫穷的特权阶级的各种意见。地方行政长官为此目的已弄到了专款：他们成功的手段之一就是对贫穷的特权阶级倍加关怀；最后，在著作中，在讲坛上，在科学院的演说中，在人们交谈中，如果你想立即引起你的所有读者和听众的兴趣，你只需谈论贫穷的特权阶级就够了。看到这种普遍的精神倾向，以及无所不能的迷信替赈济贫穷特权者安排的那些数不清的手段，我不明白为什么人们还不在教堂的大门处，为贫穷的特权阶级增设——倘若现在还没有的话——一个慈善箱。

这里还必须提到一种交易，它是特权阶级取之不竭的财源。这种交易一方面建立在对门第的迷信上，另一方面则建立在对财富的贪婪上。我说的是被人们大胆地称为门户不当的婚姻这件事，这种叫法未能使那些愚蠢的公民却步，不再花费巨资去买辱骂。一旦平民等级的某一个人凭仗劳动与勤奋积累起一份让人眼红的财富;一旦税务局的代理人,以较为轻易的手段,终于积蓄下各种财宝,所有这些财富立即为那些特权者所觊觎。看来我们不幸的百姓注定要为着特权阶级而无止无休地劳作,自己却日益贫穷。

农业、制造业、商业,以及所有手艺行业,为了维持、扩展,并为了国家的繁荣昌盛,都要求分享由它们出力积累起来的巨额资金,但是毫无结果;特权者吞下了钱,也吞下了人;而这一切都有去无回地奉献给不事生产的特权者了。

特权的内容是无穷尽的,正像力图维持特权的种种偏见一样多。但是让我们放下这个话题,停止发表由这个问题引起的意见吧。总有一天,我们那些愤怒的子孙们读到我们的历史时,将会惊得目瞪口呆,并将以最难想象的痴狂,给这段历史以应得的描述。我们在青年时代,看到一些文人以勇于攻击那些有权有势而对人类又有害的主张而引人瞩目。今天,他们在言辞和著作中满足于重复那些过时的论断,继续反对那些不复存在的偏见,特权的偏见也许是出现在人世的最危险的偏见;它与社会组织结合得更紧密;它腐蚀社会组织更深;忙于维护它的热心人更多。激起真正爱国者的热情而使文人雅士热情减退的原因正在这里。

注　　释

① 由于我不愿被人指责为言过其实,请在文章末尾读一下我从一六一四年三级会议的贵族等级会议记录中摘引的一个真实而奇特的片断。——原注。

一六一四年十一月二十五日星期二,三级会议贵族会议记录摘录:在受到召见的时候,德·色内塞先生(德·色内塞男爵当时是贵族等级的主席——译者按)对国王这样说道：

“陛下：

我们国王们的仁慈经常赐给贵族这种自由，那就是在任何情况下，都可求助于国王，由于身份高贵，他们与国王十分接近，他们一向是国王的事业的主要执行者。

“我从不曾向陛下陈述古代所告知我们的一切：出身已将种种优越赋予贵族等级，并且使之与所有其余百姓迥然不同，因此，它从不容忍将它与其余百姓作任何对比。陛下，我可以在此演说中详加阐述；但是一个如此明显的真理除了众所周知的东西外，无需更为确实可靠的证据……；况且我是在国王面前讲话：我们希望看到，国王关心保护我们分享的他的光荣，不亚于我们关心求得他的恩准分享他的光荣。我们殊为遗憾的是，一个不寻常的新奇事使我们开口诉怨，而不是谦卑地陈述我们为之集会的要求。

“陛下，您恩准召开您的王国的三个等级的会议，这三个等级彼此分离，各自担任不同的职务，拥有不同的身份。为上帝服务和管理灵魂的教会在三个等级中居于首位；我们尊教士和神甫为父辈和为我们求得上帝宽恕的调停人。

“陛下，在三个等级中贵族居第二位。他们是您的圣明的左膀右臂，您的王冠的支柱和国家战无不胜的武力。

“在国王们祥瑞的佑护和英勇的指挥下，以他们的鲜血为代价，并且由于动用了他们百战百胜的军队，公共安定才得以建立，由于国王们历尽艰辛，第三等级才得以享受和平给他们带来的舒适和方便。

“陛下，在三级会议中居于末位的这个等级是一个由城市与乡村的百姓构成的等级，乡村里的百姓几乎都是前两个等级的附庸和裁判对象；城市里的百姓则是市民、商人、手工业者和若干官吏。正是这些人不接受他们的地位，而且置各种义务于脑后，不经过他们所代表的那些人的同意，竟然想同我们平起平坐。

“陛下，向您说那些我们再次遭到侮辱的话，我感到羞愧。他们将您的国家比作一个由三兄弟组成的家庭。他们说，教士等级是老大，我们这个等级是老二，而他们是小三。

“倘若这话是确凿的，那么我们的地位可怜到了何等地步啊！自远古以来难以胜数的功苦，世代相传给贵族的不辞辛苦、忠心耿耿而获得的不计其数的荣誉与爵位，今又何在？他们不仅没有提高贵族的地位，反倒使之大大降低，以至混同于那种最狭小的人群中的平民，这就是所谓博爱社会。而且，他们不以互称兄弟为满足，又将国家的复兴归功于自己，正如法兰西所知，他们从未为国家的复兴作出任何贡献，任人皆知他们绝不能与我们相比，如此毫无根据的攻击实在难以容忍。

“陛下，请您圣断，并且通过一个充满正义的宣言，叫他们履行自己的义务，叫他们承认我们的地位，承认存在的差别。陛下，我们谦卑地以法兰西全体贵族的名义恳求您这样做，因为我们在此正是贵族的代表，以便在保留他们的种种优越地位的条件下，贵族能如惯常那样，以他们的荣誉和生命为国王陛下效劳。”

“你们不感到你们生活在何等受人轻视之中吗？假使可能，他们就夺去你们的此生。因为你们呼吸，因为你们发言，因为他们憎恨人类的形象。”

李维：《罗马史》，第 4 卷，第 56 章

② 二至三世纪时意大利作家埃利安的《故事汇编》中人物。其真名为特拉西洛斯。他把所有驶入比雷埃夫斯港的船只均视为己有，并登记造册，当他看到这些船只再度安全抵达时便感到最大的欢乐。后来作家们便喻之为比雷埃夫斯的疯子。

第三等级是什么？

“只要哲学家并未超越真理的界限，便不要埋怨他们走得太远。哲学家的职能在于指明目标，因此他必须抵达目标。假如他中途辍步，竟然打出自己的旗帜，这面旗帜便可能是骗人的。行政官则不然，他的任务是根据困难的性质，稳步前进……。哲学家未抵目标便不知身在何处；行政官看不见目标便不知走向何方。”

本文的计划甚为简单，我们要向自己提三个问题：

1. 第三等级是什么？是一切。

2. 迄今为止，第三等级在政治秩序中的地位是什么？什么也不是。

3. 第三等级要求什么？要求取得某种地位。

我们先看看这些回答是否正确，然后再来考察，为使第三等级确实取得**某种地位**，过去曾试用过一些什么方法，今后该采取些什么方法。因此我们将要提及：

4. 为了第三等级的利益，大臣们曾**试图**做些什么，特权者们自己现在**建议**做些什么。

5. 本来**应该**做些什么。

6. 最后，第三等级为了取得其应有的地位，现在**还需**做些什么。

第一章　第三等级是整个国家

一个国家要生存下去并繁荣昌盛，要靠什么呢？靠个人劳动与公共职能。

一切个人劳动可归为四类：1. 鉴于土地和水提供了人类所需的基本资料，因此按照思维顺序，所有务农的家庭从事的劳动便属第一类劳动。2. 这些资料从第一次出售到消费或使用，经过人数有所增加的新劳动者之手，被追加了复合程度不同的第二价值。人类的勤奋遂使大自然的恩赐臻于完善，初级产品的价值成倍、成十倍、成百倍地增加。这就是第二类劳动。3. 在生产与消费之间，以及不同的生产阶段之间，出现一大批既有利于生产者，又有利于消费者的中介人，即商贩和批发商。批发商不断地将不同地点与不同时间的需求加以比较，在贮藏与运输中赚取利润；商贩总揽大宗或零星的销售。这类有益的劳动称为第三类劳动。4. 这三类勤劳而有益的公民为供消费和使用的物品而忙碌；在一个社会中，除他们之外，还必须有大量直接有益于或取悦于人的特殊劳动和勤务。这个第四类劳动包括上自最杰出的科学与自由职业，下至最不为人看重的家务。以上便是社会得以维持的各种劳动。谁承担着这些劳动呢？就是第三等级。

在目前情况下，全部公共职能同样可分列在人所熟知的四种名称之下，即军队、法院、教会和行政。在这些部门，第三等级人数都占二十分之十九，差别仅在于他们承担的都是十足的苦差，都是特权等级拒不充任的差使，这种情况人所共知，毋庸细述。特权等级的成员占有名利双收的那些职位。我们是否因此承认他们的贡献呢？如果承认的活，那么除非第三等级把不充任这些职位，或第三等级无能力履行这些职务。实情如何，不言自明；然而人们竟敢禁止第三等级担任此类职务，并对他们说："不管你如何殷勤效劳，不管你如何才华超群，你前程有界，不可逾越。给你荣誉，并无好处。"罕见的例外，正如人们真实地感受到的那样，只不过是一种嘲弄，在这些罕见的场合下，被允许发表言论更是一种侮辱。如果说排斥第三等级是社会对它的一种罪行，难道还能说这种排斥对公共事务有丝毫裨益吗？唉！人们岂不知道垄断的后果吗？如果说它使被排挤的人沮丧，那么人们难道不知道，它使得宠的人变得笨拙无能吗？难道人们不知道，任何事业一旦脱离了自由竞争，便将付出更为昂贵的代价，而且办得更糟吗？

当人们把某种职务作为特权交给公民中一个特殊等级时，是否注意到，需要发给薪金的对象不仅是那个担任公职者，而且还有这同一等级中全部未任职者，还有任职者和未任职者的家属的全体成员？人们是否注意到，这类事情在我们这里卑鄙地通行无阻，出现在古代埃及历史和印度游记中却使我们觉得可鄙而且可耻？……让我们暂且不去论述这类问题，或澄清这类问题，以免延误我们论述的进展。

这里只需让人们领会：特权阶级有益于公共事业的说法只不过是一种幻想；没有特权阶级，第三等级同样完成公共事业中全部艰难的任务;没有特权阶级,高级职务将被更出色的人所承担;这些职务理所当然地应该是对公认的才干和劳绩的奖励和酬谢;如果说特权阶级已经窃取了所有名利双收的职位,那么这既是对全体公民极可憎的不公道,也是对公共事务的背叛。

因此,谁敢说第三等级自身不具备组成整个国家的一切必要条件?第三等级犹如一个强壮有力的人,他的一只臂膀还被绑在锁链上。如果除掉特权等级,国家不会少些什么,反而会多些什么。因此,第三等级现在是什么?是一切,是被束缚、被压迫的一切。没有特权等级,第三等级将会是什么?是一切,是自由的欣欣向荣的一切。没有第三等级,将一事无成,没有特权等级,一切将更为顺利。我们已经证明,特权等级不但远不能为国家造福,反而只会削弱国家,危害国家;但这还不够,还必须证明,贵族阶级根本不在社会组织之内;它尽管对国家是一种负担,但不会成为国家的一个组成部分。

首先,在国家的一切基本成员中,不可能找到或安置贵族这个等级。我知道,为数众多的人,由于身有残疾、能力低下、懒惰成性或伤风败俗而不能参加社会劳动。在常规之外,总有例外和弊端,在一个幅员辽阔的帝国内尤其如此。不过我们至少会同意,这种弊端越少,国家就越被视为治理有方。治理最坏的要数这样一种国家,在那里人人都在忙碌,而在公民中却有整整一个阶级,不只是孤立的个人,以无所事事为荣,他们消费的是产品中的精华,却从未在生产上出过一点力。由于其浪荡,这样一个阶级对于国家肯定是异己的。

贵族等级享有民事的和公共的特权,所以在我们中间同样是异己的。

国家是什么?是生活在一部普通法之下并由同一个立法机构代表的人们的联合体。

贵族等级享有特权、优免,乃至同广大公民的权利截然分开的种种权利,这难道不是再确凿无误不过的吗?贵族等级由此而脱离了普通等级和普通法。因此,贵族等级的公民权利已经使他们成为一个大国中的一群独特的人。这是真正的国中之国。

至于他们的政治权利,他们同样单独行使。他们拥有自己的代表,这些代表不受其他等级人民的委托。他们的全体代表单独集会;当他们和普通公民的代表在同一大厅中开会时,他们的代表权在本质上同样是与众不同和分离的:由于他们的使命不是由人民所委托,由于他们的目的不是保卫普遍利益,而是保卫特殊利益,所以他们的原则和目的和国民是格格不入的。

因此凡属于国家的一切,第三等级都包罗无遗;而一切并非第三等级的东西,便不能看作是属于国家的。第三等级是什么?是一切。

第二章　迄今为止第三等级是什么？什么也不是。

我们下面不准备考察人民长期呻吟于其间的奴役状况，也不准备考察他们到现在还没有摆脱的压制与侮辱境地。他们的民事地位已发生变化；它还应变化：假如第三等级没有获得自由，那么作为整体的国民，乃至任何一个个别的等级，也完全不可能获得自由。自由不能靠享有特权来获得，只能靠享有属于每个人的权利才能获得。

倘若贵族们竟然不惜放弃他们不配享有的这种自由，企图继续把人民置于被压迫的境地，人民就敢于质问他们：凭什么权这样做。假如回答是凭征服权，那就必须表示同意，因为这意味着向过去追溯一步的愿望。但是第三等级不应当害怕追溯往昔。他们将回溯到征服以前的年代；而且，既然他们今天已相当强大，不会再被征服，他们的反抗无疑将更为有效。第三等级为什么不把那些继续狂妄地自诩为征服者种族的后裔并承继了先人权利的所有家族，一律送回法兰克人居住的森林中去呢？

我想，经过这番清洗的民族必将感到自慰，因为他们自信这个民族此后仅由高卢人和罗马人的后裔所组成。事实上，如果人们非要以出身来区别人，那么难道我们不能向可怜的同胞们揭示，出身于高卢人和罗马人至少不逊于出身于西冈布尔人、威尔士人以及其他来自古代德意志的丛林池沼的野蛮人吗?人们将说道,不错,不过征服打乱了所有的关系,征服者已变成了世袭贵族。好吧!现在需要再改变贵族的来源,第三等级这回要成为征服者,重新变成贵族了。

特权等级是第三等级的宿敌,如果我们在特权等级中所看到的和所能够看到的无非是同一个第三等级的子弟,那么用灭亲的胆量来仇恨、蔑视和压迫他们的兄弟,我们对此又作何评说呢?

让我们继续我们的话题。必须把第三等级理解为属于普通等级的全体公民。凡是法律规定的一切特权,不管其方式如何,都已脱离一般地位,不受普通法管束,因而绝不属于第三等级。我们上面已经说过,一部普通法和一个共同的代表机构,这就构成一个国家。在法国,一个人如果除了受普通法保护外一无所有,那么他就什么也不是;如果不依靠某种特权,他就只得甘愿承受种种轻视、侮辱和欺压,这个道理千真万确。倒霉的非特权者为了不被压成齑粉,唯有一途:低三下四地攀附一个大人物;仅以此为代价,他便可买到在某些场合下自称有某人撑腰的权力。

但是我们在此对第三等级考虑得更多的是他们与国家组织的关系,而不是他们的公民地位。让我们看看他们在三级会议中的地位如何。

自命为第三等级的代表是哪些人?是新封贵族和非世袭特权阶级。这些伪代表有时甚至不是人民自由选举的。充当人民代表被视为担任某种官位者的权利,在三级会议中往往如此,而在外省三级会议中几乎全是这样。

旧贵族不能容忍新贵族，不允许新贵族同他们平起平坐，除非像人们所说的那样，新贵族能够证明自己的身份可以追溯到四代和一百年前。因此，他们就被旧贵族推入第三等级，但他们显然不再属第三等级。可是，从法律眼光看，所有的贵族都是同等的，不论是旧贵族还是在不同程度上把自己的出身或篡夺行为遮掩起来的贵族。两者都享有同样的特权。唯有舆论将他们区别开来。但是如果说第三等级不得不容忍法律认可的偏见，那么让第三等级向一个违反法律条文的偏见屈服，便是毫无道理的。

无论人们愿意怎样对待新贵族，一旦一个公民取得与普通法截然对立的特权，他就不再属普通等级，这是肯定无疑的。他的新的利益便同普遍的利益相对抗；他无权代表人民投票。

这个无可争辩的原则同样把非世袭的特权者排除于第三等级的代表之外。他们的利益也或多或少同普遍利益相对立；尽管舆论将他们列为第三等级，尽管法律对他们的地位未作规定，事物的本性却强于舆论和法律，它以压倒的力量将他们排斥于普通等级之外。

如果不仅把世袭特权者，而且还把非世袭特权者排除出第三等级，人们会问：这样做是不是轻率地使第三等级失掉最有见识、最富勇略、最受尊敬的成员，从而削弱第三等级呢？

我远非企图削弱第三等级的力量或尊严，因为在我的心目中，第三等级同国家的观念始终是融为一体的。但是不管支配我们的动机如何？我们难道能抹杀真理吗？因为，一支军队的精锐士兵的逃亡已然非常不幸，难道还非得将营地交给这些士兵防守吗？一切特权，再说一遍亦不为过，都是同普通法对立的；因此，一切特权者毫无区别地组成一个与第三等级迥异并且对立的阶级。与此同时，我要指出，人民的朋友们对这一真理丝毫不必感到惊慌。恰恰相反，这个真理使人们强烈地感到必须立即废除一切非世袭特权，从而恢复全民的根本利益，因为这种特权分裂第三等级，而且似乎逼迫第三等级将自己的命运交给敌手。此外，绝不可将这种考虑与下面那种考虑分开：在第三等级里废除特权，并不意味着它的某些成员将丧失他们享有的优免。这类优免只不过是普通法而已。普遍剥夺大多数人民的优免，这事从来就非常不公正。因此我所要求的不是一种权利的丧失，而是这种权利的恢复；如果有人反驳我说，若把若干类特权变成普遍享有，例如免予抽签服兵役，人们就会使自己失去满足社会需要的手段，那么我的回答是，一切社会需要均应人人承担，不应由公民中某一特殊阶级单独承担；如果不去寻求更具有全民性的方法以完善和维持人们所希求的军备状况，这既违迕情理，也悖于公道。

听到有人抱怨教会、佩剑贵族和穿袍贵族三位一体的**贵族体制**，人们有时感到吃惊。人们但愿这只是一种说法而已，但是这种称呼应按严格意义来理解。如果说三级会议是普遍意志的代言人，并因此而拥有立法权，那么凡是三级会议仅由教士、贵族和法官组成的地方，那里便是名副其实的贵族体制，这难道不是真实情况吗？

除了这个令人惊骇的千真万确的事实外，还有一种现象：所有的行政权力机构也都以这样或那样的方式落入了为教会、法院和军队提供人员的那个阶级手中。某种兄弟义气使得贵族彼此看重，互相照顾，而把其余国民一概不放在眼中。他们的篡夺可谓彻底；他们的统治货真价实。

请大家读读历史，着意考察一下究竟事实与上述论断是相符还是相悖，然后人们便会相信：法国仍处在君主制度下的这种说法是个绝大的错误，对此我已有切身体验。

只要从我国史册中抽掉路易十一[1]、黎塞留[2]以及路易十四[3]的不折不扣的专制统治时期的若干岁月，你便会觉察你在读一部宫廷贵族史。是宫廷而不是君主在统治。是宫廷在行令设禁、任免大臣、设职授职，如此等等。庞大的贵族阶级遍布法国，通过其成员到处伸手，占据了公共事务各部门的所有要津。什么是宫廷呢？无非是这个庞大的贵族阶级的首脑。因此，人民也习惯于在私下言谈中把君主同政权的推动者分开。他们一直把国王视为受骗至深，身处活跃而强大的宫廷贵族之中而毫无防范，以致他们从未将那些冒国王之名所做的一切坏事归咎于他。

概括起来说：迄今为止，第三等级在三级会议中并无真正的代表。因此他们的政治权利等于零。

第三章 第三等级要求什么？要求取得某种地位。

绝不能依据某些对人权有不同程度知识的作家的孤立言论来评论第三等级的要求。第三等级在这方面还差得很远，我不光是就那些研究社会秩序的人的学识而言，而且是就形成为公众舆论的大量流行思想而言。只有根据王国各大市镇向政府提出的真实要求，才能评价第三等级的真正诉愿。人们在那里看到了什么？人民要求取得某种地位，而且事实上只求有一席之地。他们要在三级会议中拥有真正的代表，即来自本等级的善于表达他们的意志、捍卫他们的利益的代表。可是，如果三级会议里与第三等级对立的利益占压倒优势，那么参加三级会议又有何益！无非是以他们的出席，对他们永久承受的压迫加以认可而已。因此，可以断言，假如他们不能在那里拥有至少相等于特权阶级的影响，他们就不会到三级会议来投票，他们还要求让他们的代表名额同另两个等级的代表名额总数相等。最后，假如每个等级分别投票，这种平等代表权便纯属虚幻。故此，第三等级要求按人头而不按等级投票。这就是使特权等级为之骇然的诸项要求的要点，其所以使他们惊骇是因为这些要求本身就使革除弊端势在必行。第三等级的真正意图是在三级会议中拥有与特权等级相等的影响。我再说一遍，他们能要求得比这更少吗？倘若他们在三级会议中没有相等的影响，他们就没有指望摆脱政治上无足轻重的地位，没有指望取得某种地位，这难道不明白吗？

但是真正的不幸在于，第三等级的这三条要求不足以使他们取得确实不可或缺的相等的影响。纵然选自本等级的代表争得了相等的名额，也是徒然：因为特权者的影响将占据并控制第三等级自己集会的场所。分配肥缺、职位、利禄的权力在哪里？是谁要求庇护？谁掌握庇护权？……非特权者因才华出众看来最适于维护本等级利益，他们难道不是在对贵族愚陋或强制的敬畏中培养起来的吗？须知许许多多的人通常都易于向一切可以从中得益的习惯势力屈服。他们时时想着改善自己的命运，而当个人勤奋劳动不能依正道晋升时，他们便投入歧途。我不清楚是古代哪个民族，为使其子弟习惯于猛烈或灵敏的训练，只有在他们取胜或在这方面努力之后，才给他们分发食物。同样，在我们这里，第三等级中最能干的一类人，为了取得其生活的必需，被迫为强者的意志效忠。国民中的这部分人竟然为祈求恩宠而孜孜矻矻，对主人俯首帖耳，时刻准备为博得期待的欢心而牺牲一切。最适于捍卫国家利益的优秀品质竟被滥用来维护偏见，看到这类品行，怎能不令人担忧？贵族阶级的最肆无忌惮的捍卫者将出自第三等级，出自那些生来聪明伶俐但缺乏灵魂的人们，他们既贪图权势和渴望显赫人物青睐，又对失去自由的代价麻木不仁。

贵族在法国支配着一切，封建迷信使大多数人精神堕落，除了这两种巨大的力量之外，还有财产的力量：这是一种自然的影响；我绝不排斥财产的力量；但人们将会同意，这种力量也完全有利于特权阶级，人们也有理由担心特权等级会借助这股强大力量来反对第三等级。

各市镇过分轻易地相信，只要把特权阶级的人从人民代表中排除便能免受特权影响。在农村和各地，哪一位稍得人心的领主，只要他愿意，没有一群数不尽的人听命于他？请估计一下这第一种影响的后果及反响，可能的话，请设法搞清楚，一个你以为已离初选委员会相隔很远，而实际上依然由那些初选人所拼凑的议会，能产生什么结果。

人们越思考这个问题，越发觉第三等级的这三项要求远远不够。然而，尽管远远不够，这些要求还是遭到猛烈的攻击。让我们来考察一下这种攻击的一些借口。

第一节　第一个要求　第三等级代表只能选自真正属于第三等级的公民。

我们已解释过，要真正属于第三等级，就必须丝毫不沾染任何一种特权。

通过某一门径成为贵族的那些法官，不知为何决定在他们之后关闭进入贵族之门径，他们竭尽全力要钻进三级会议。他们自言自语：贵族不要我们；我们也不要第三等级；如若我们能单独组成等级，那就太妙了；但我们办不到。怎么办？我们只有维持第三等级选贵族为代表的陋习；这样我们的欲望既能得到满足，我们的志向也不至于落空。所有新贵族，尽管出身不同，都迫不及待地怀着同一心理反复说到，必须使第三等级选贵族为代表。旧贵族自以为得天独厚，无意保存这种陋习；但他们也颇会算计。他们曾说：我们将把我们的子弟放在下院中，权衡利弊，这个主意比我们自己担当第三等级代表更好。

一旦主意已定，理由总是可以找到的，这是不言而喻的。于是有人说，必须保存陈规……，绝妙的陈规，因为根据这个陈规，说是为了代表第三等级，实际上到这时为止，第三等级竟被完全排除于代表之外！第三等级拥有政治权利和公民权利，他们应自己行使这两种权利。那个时候，区别三个等级是为了让前两等级得益，第三等级招损；这个时候，混淆三个等级是为了让前两等级获利，国家受害，这主意何其高明！教士和贵族凭借陈规实际上便可占据第三等级的席位，要维持的这种陈规是什么陈规！说真的，倘若第三等级能侵占教士和贵族等级的代表权，那么他们是否认为第三等级就代表了他们呢？

为了说明一种原则的弊端，应允许将其后果推论到所能达到的极限。应用这种方法，我就可以说：如果三个等级的人自行不加区别地委任他们中意的人为代表，那么，在议会里便可能只有一个等级的成员。比方说，人们是否会同意唯有教士能够代表整个国家？我还可以进一步推论下去。在将三个等级的信任都赋予一个等级之后，让我们再把所有公民的委托都集于一个人身上：人们是否会支持这种观点，即一个人就能取代三级会议？一个原则如果导致荒谬的结果，这说明这个原则是错误的。

有人还说，将委托人的选择限制在一定范围之内，这有损于他们的自由；对这个所谓的难题，我有两点答复。第一，这是用心不良，有事实为证。领主对农民和其他农村居民的控制，这是众所周知的；为数众多的领主代理人其中包括他们的法官，他们惯用的或可能使用的伎俩，这也是众所周知的。故此，凡欲对初级选举施加影响的领主，一般都确有把握在大法官辖区被选为代表。而到了那里，就只是在领主们当中或最受他们信任的人当中挑选的问题了。你们千方百计把窃取人民信任的权力弄到手，难道是为了人民的自由？为遮掩与自由截然相反的意图而亵渎自由的圣名，使人听了毛骨悚然。无疑，必须给委托人以完全自由。正因为如此，才必须从他们的代表中排除所有惯于横暴地统治人民的特权阶级。

我的第二点答复直截了当。无论何事都不可能有无限制的自由或权利。各国的法律都规定了一些明确的条件，不具备这些条件的人既不能当选举人，亦不能当被选举人。譬如，法律应规定年龄限制，不足此年龄者无权当公民的代表。又譬如，妇女到处都不论是非被排斥在这类代表权之外。人民的政治信任不能交付给游民或乞丐，一向如此。仆役和所有依附于主人的人，未入籍的外国人，能接受他们加入国民代表之列吗？因此，政治自由同公民自由一样有其限制。问题仅在于第三等级所要求的作为无被选举权的条件，是否并不如我刚才列举的各条那样重要。然而，对比之下，道理完全在第三等级一边；因为乞丐、外国人可能并无同第三等级的利害相对立的利害。相反，贵族和教士以其地位而论，则是他们所享有的特权的朋友。因此在法律依照公平原则和事物本性应交给代表进行选择的所有条件中，对于第三等级来说，他们所要求的条件乃是最重要的条件。

为了进一步突出这一论点，我提出一个假设。假定法国正与英国交战，国内一切与战争有关的事务均由国民代表组成的一个督政府领导。在这种情况下，请问，能以不侵犯自由为借口而允许各省挑选英国的内阁成员来充任他们在督政府中的代表吗？

特权阶级对普通等级表现的敌对性，肯定不亚于英国人对法国人在战时表现的敌对性。

根据这一系列原则，绝不应容许第三等级中那些纯属前两个等级的成员，被委以市镇的信任。有人觉得，依这些人的地位，他们不可能得到市镇的信任；然而，如果不明确规定将他们排除在外，那么领主的影响尽管对他们自己于事无补，却免不了还要对他们掌握的人发生作用。我特别要求大家对封建制度众多的代理人加以注意。

法兰西至今仍不幸分裂为彼此敌对的三个等级，罪魁祸首就是这个野蛮的封建制度的可憎的残余。如果封建制度的代理人窃取了普通等级的代表席，一切便都完了。谁不知道，为了保护主子的利益，奴仆比主子本人还表现得更贪婪放肆？

我知道，这一禁条既然特别涉及所有领主的司法官等人，就必定会波及许多人……；但是事物的本性要求必须这样做。

多菲内省在这方面作出了突出榜样。必须像这个省份那样，从第三等级的被选举人中排除税务机关的人、他们的保证人、官府的人，等等。至于前两个等级的地产上的佃农，我亦认为，就其目前状况而言，他们的依附性太强，不可能自由地为本等级的利益投票。但我是否可以期望，立法机构有朝一日会同意认清农业、公民责任感和公共繁荣的利害关系，最终结束那种将税收上的贪婪同政府的工作混为一谈的局面？那时，人们将准许，甚至将促进与佃农签订终身租约，而我们将从此只把这些如此宝贵的佃农视为确实非常适于维护国家利益的自由佃农。

有人提出，第三等级的成员不具备足够教养和胆识来充当代表，他们必须求助于贵族的才智。人们以为提出这一点会加剧我们刚才已经排除的疑难……这种奇谈怪论不值一答。请考察一下第三等级中的那一类可用之人。我和大家一样，把生活比较富裕、能够接受自由教育、培养理性，关心国家大事的那一类人，称为可用之人。这类人唯以人民的利益为利益。请注意，他们当中有没有足够的有教养的、诚实的公民，在各个方面都堪称优秀的国民代表。

但是，有人最后说，要是某一大法官辖区非要把第三等级的代表权交给一位贵族或一位教士不可呢？若是它只信任贵族或教士呢？……

我已经说过，不可能有无限的自由，而在规定被选举权的全部条件中，第三等级所要求的条件是其中最必要的条件。让我们回答得更直接一些吧！假定某个大法官辖区非要加害于自己不可，难道它因此就应有损害他人的权利么？如果受我之聘的诉讼代理人的活动只与我一个人有关，人们可能只会对我说：您活该，为什么您选错了人呢？但这里，一个裁判区[④]的代表不光是委任他们的那个大法官辖区的代表，他们还要代表全体人民，要替整个王国投票。故此必须有一个共同的规则和一些条件，来使全体国民放心，使某些选民不得随心所欲，尽管这些条件会使某些委托人感到不快。

第二节 第三等级的第二个要求 第三等级的代表须与两个特权等级的代表在数量上相等。

我不禁要再说一次：这项怯懦无力的要求仍受到往昔的影响。王国的诸城市未曾充分地考虑知识和公众舆论的进步。它们当初若要求以两票对一票，也不至于碰到更多的困难。如果那样，也许人们早已迫不及待地同意实行代表数量相等的制度了，而今天有人却仍在吵吵嚷嚷反对这种平等。

此外，当人们打算对此类问题作出决定时，绝不能像人们通常所为，满足于提出其意愿或以惯例作为理由，而必须提高到原则。政治权利和公民权利一样，取决于公民的身份。公民身份这一法律地位人人相同，它与每个人构成其财产或享受的真正财富之多寡无关。凡具备选举人规定条件的公民，均有权当选为代表，他的代表资格不能是另一个公民的代表资格的一部分。此权利是完整的一体；人人同样行使，正如人人同样受他们协同制定的法律所保护一样。怎能一方面认为，法律是普遍意志，亦即大多数意志的体现，而同时又主张，十个个人意志可以抵得上一千个个别意志呢？这岂不是要让少数人制定法律？这显然是违背事物本性的。

如果说，这些原则虽然千真万确，却离一般人的想法稍远，那么我要提请读者注意在他眼前的一项对比。

庞大的普瓦图大法官辖区在三级会议中的代表多于小小的热克斯大法官辖区，除讷韦尔的主教先生[5]外，世人不是都认为此事合理吗？为什么呢？有人说，因为普瓦图的人口和捐税远胜过热克斯。这就是说人们同意根据某些原则来决定代表的比例。那么是否以纳税多寡来决定呢？尽管我们并不确切掌握各个等级的纳税情况，但是第三等级承担着其中一半以上，却是显而易见的。

在人口方面，大家知道第三等级远远超过前两个等级，跟大家一样，我不大清楚确切的比例；跟大家一样，我也要来算一笔账。

先算教士。包括附属教堂在内，教区教堂共 40,000 个；很快就算出包括附属教堂的代理主任司祭在内的本堂神甫为 ………………………………………………………… 40,000

每四个教区有一位副本堂神甫，计有……………… 10,000

大教堂与主教管区的数量相同：依平均各有 20 个议事司铎计，其中包括 140 名主教或大主教，计有………………… 2,800

粗略估算，假设僧侣会议事司铎是前者的两倍，计有 … 5,600

除了上述这些人以外，决不能以为有多少圣职、修道院、隐修会和小教堂，便有多少僧侣。须知，在法国也有兼职的情况。主教与议事司铎同时又是修道院长、隐修院院长和礼拜堂牧师。为了不致重复计算，我将尚未计入上列数中的圣职人员估计为 3,000 ………………………………………… 3,000

最后，我假设有近 2,000 名教士隶属各圣修会，但无任何有俸职………………………………………………………… 2,000

其余的是修士和修女，三十年来，其数目加速地减少，今天我想不会多于 17,000，计有 ……………………………… 17,000

教士人数共计 ……………………………………………… 80,400

贵族。我只知一种方法去求得该等级的约略人数。即拿一个贵族数目最清楚的省份跟法国其他地方进行比较。这个省便是布列塔尼；我先要指出，该省的贵族比其他省数目为多，可能是因为那里贵族从不丧失自己的身份，也可能是因为各种特权将贵族家庭系留在那里，等等。布列塔尼据估计有 1,800 家贵族。我假设有 2,000 家，因为有的尚未进入三级会议。

按每家五口计，布列塔尼有各种年龄和性别的贵族10,000人。该省人口总数为2,300,000。此总数与全法国人口的比例为1∶11。故须将10,000乘上11，因此，整个王国的贵族至多有110,000人，计有………………………………… 110,000

故此，前两个等级的特权者总共不到二十万人。请将此数与二千五、六百万这个数字比较一下，就能断定问题之所在了。

如若参照其他同样不容置疑的原则，确实想达到同一结论，我们就应该认为：特权阶级之于全体公民正如例外之于法律。

每一个社会都应依一些普通法治理，并应受共同秩序管辖。如要在社会里搞什么例外，至少这些例外也应是极少的；在任何情况下，这些例外均不能在公共事务上具有与普通规章同样的分量、同样的影响。将全国民众的重大利益同优免者的利益相提并论，如同人们千方百计要使这二者的利益相平衡一样，实在是荒唐。此外，我们在第六章中将进一步阐述此问题。若干年后，当我们偶尔忆起今天人们给第三等级这一毫不过分的微薄要求所设置的重重困难时，无论是对人们用以反对这些要求的站不住脚的借口，还是对无所顾忌地寻找这些借口的极度不公，都会感到惊异不止。

就是那些援引事实为权威以反对第三等级的人，倘若是真诚的，也可以在这些事实中找到他们的行为准则。在美男子菲利普[6]治下，只因有了少数有出息的城市，便足以在三级会议中组成一个下院。

那时以来，封建奴役消失了，农村涌现出了人数众多的新公民。城市倍增，规模扩大。城市的商业和技艺产生了众多的新阶级。这些新阶级中有大量殷实之家，而在这些殷实之家中受过良好教育并致力于公共事务者比比皆是。这两方面的增长远远胜过那些有出息的城市过去在国家中所占的分量，而为什么这种双重增长不曾促使事实这个权威为第三等级创设两个新的议院呢？公正和德政二者共同要求这样做。

对另一种出现在法国的增长，人们倒不敢表现得那样蛮不讲理；我说的是自上届三级会议以来并入法国的新省份[7]。没有一个人敢说，这些新省份不该在1614年的三级会议代表之外拥有自己的代表。既然工场和技艺也同领土一样，提供着新的财富、新的税收、新的人口，那么，当事关堪与领土扩大相媲美的这种增长时，我要问，为什么人们拒绝给予他们超出1614年三级会议的代表席位呢？

可是，对那些只知按照自身利益行事的人，我尽在这里讲道理。要打动他们，只能通过另一种思路。下面我提供一种考虑。今天的贵族仍然保持着哥特时代[8]的言语和举止，这样是否适当？时当十八世纪末，第三等级仍然保持着往昔被奴役时代那些可怜而卑怯的习俗，又是否适当？倘若第三等级懂得自知自重，其他等级自然也会尊重他们。请大家不要忘记，各等级间旧的关系从两方面来说同时发生了变化；曾沦落到毫无地位的第三等级，依靠其勤奋夺回了一部分过去为强者不公正地夺走的东西。他们不是索回自己的权利，而是同意购买这些权利；人们没有把权利归还他们，而是将权利卖给了他们。但不论通过什么方式，他们毕竟已能拥有这些权利。他们不会不知道，过去他们只不过徒有其名，今天他们已成为国家中活生生的现实；而在这个漫长的变化过程中，贵族已不复是能够不受惩罚地压迫人的极端可怕的封建现实，它不过是一个阴影，但这个阴影却仍徒然试图吓唬全体国民。

第三节　第三等级的第三个即最后一个要求
三级会议投票不依等级，而依人头。

可以设想用三种方法来考虑这个问题：或按第三等级的想法，或根据特权阶级的利益，或遵循正确的原则。就第一种观点而言，我们上面讲过的话已经足够，无需再作任何补充；很明显，对第三等级来说，这个要求是前面两个要求的必然延伸。

特权阶级害怕第三等级具有同等的影响，他们把这种平等宣布为违宪；迄今为止他们始终是两个等级对付一个等级，而他们并未觉得这种不公平的优势有丝毫违宪之处，因此他们这种行径就更加令人惊异。他们痛感需要对一切可能违反其利益的东西保留**否决权**。二十位作家已抨击过这种狂妄的要求和为旧条文辩护的论据，我不再重复他们所讲的道理。我只有一点要指明。在法国肯定存在一些流弊；这些流弊只有利于某一种人，得利的绝不是第三等级，受害最甚的倒恰恰是他们。因此我要问，在这种情况下，只要为从中得利的人保留否决权，那么破除任何流弊是否可能？在这种情况下，一切司法均将软弱无力；一切都须仰赖特权阶级的大慈大悲。这难道就是人们对社会秩序所持的观念吗？

如果我们现在想根据那些用以阐明这个问题的原则来考虑这个问题，即根据构成社会科学的那些原则，而不为任何特殊利益所左右，我们就会看到这个问题又出现了新的一面。不推翻最天经地义的观念，无论是第三等级的要求，还是特权等级的辩护，人们都无法接受。我当然不会指责王国的有出息的城市曾有此意图。它们曾经希望，只要这两种影响至少保持平衡，它们的权利就近在咫尺。它们还宣扬一些上好的真理：在各种利益如此对立的国家里，允许一个等级对其他等级有否决权，可使一切陷于瘫痪，这是亘古不变的；若不依人头投票，肯定会有无视真正多数的危险，而这将是最大的弊病，因为照此办理，法律就根本无效了。这些真理当然是无可辩驳的。但是，问题的症结在于这三个等级，以它们现在的构成，能否汇聚一堂，依人头投票？不能。参照现存的原则，三个等级不能共同投票，既不能依人头，亦不能依等级。不管在他们之间采用何种比例，都不能达到既定目的，即通过一个共同意志，将全体代表团结起来。毫无疑问，我的这个说法需要详加阐述和证明：请允许我把这些说明放在第六章。我并不想使那些温和分子感到不快，他们总怕真理出现的时机不当。必须事先使他们承认，正是由于特权者的过错，形势今天已到了这等地步，该打定主意并大声疾呼伸张真理和正义了。

第四章　政府曾试图做过什么以及特权者为第三等级倡议什么

政府并不是在想博得人们感激的一些动机的推动下，而是由于确信没有国民的自愿协助，它就无法弥补自己的种种过失，才答应为国民做些事，以为这样就赢得了对它的所有计划的盲目赞同。正是从这种观点出发，德·卡伦先生[9]提出了建立省议会的方案。

第一节　省议会

只要关注一下国民的利益，就不会不为第三等级在政治上毫无地位而感到震惊。这位大臣甚至已经感觉到，等级的区分与一切向善的愿望是背道而驰的，他大概打算逐渐消除这种区分。第一个省议会方案似乎至少是本着这一精神设想和制定出来的。只需稍加留心地读一读这个方案，便会发现，此方案并未涉及公民**个人的**等级。提到的只是他们的财产，或**现实的**等级。人们应当作为财产所有者，而不是作为教士、贵族或平民被召集到省议会来。省议会因其宗旨而引人注目，因其应以何种方式组成而更显重要，因为真正的全国性的代表乃通过省议会产生出来。

财产分为四类：第一类，领地。凡领地所有者，贵族也好，平民也好,骑士也好,在俗的也好,构成这第一类。普通的或单纯的财产则分为另外三类,以示有别于领地。若采取更为自然的分类,则应依据劳动的性质和利益的分量只区分两类,即农村财产与城市财产。在城市财产中,除房舍外,还应包括所有的技艺、工场,行业,等等。但是,人们大概认为,将教会的普通财产融入这两类财产中,为时尚早。因此人们认为应将教士的单纯财产单独列为一类。此即第二类财产。第三类包括农村财产,第四类则包括城市财产。

请注意,上述各类财产中有三类被三个等级的公民占有,彼此不分,因此四类中的三个,均可以由贵族、平民或教士组成,并无区别。第二类本身应包括马耳他教派骑士[10],乃至俗人,以代表收容所、教区工场,等等。

由于在这些省议会中,处理公共事务时不考虑个人的等级,故而人们理所当然地相信,三个等级之间不久便可形成为一个利益共同体,因而也就是普遍利益;国家终将成为统一的,而这种统一状态本应是一切国家的起点。

人们曾对首席大臣的头脑大事吹嘘,但这头脑却对这么多的出色见解视而不见。这并不是因为他看不清他打算为之服务的利益;而是因为他丝毫不了解被他糟蹋的东西的实际价值。他重新划分了非政治性的个人等级;尽管这个唯一的变动使他必须制定新方案,但是对于那些在他看来并不违背他的意愿的东西,他还是满足于旧的方案;此后,因二者缺乏协调,每天都产生许多难题,对此他感到惊讶。贵族尤其无法想象,在一个数典忘祖的议会里,他们怎能重整旗鼓。他们这方面的忧虑成了旁观者的笑柄。

建造这座大厦有种种弊病，最严重的弊病就在于它不是建立在天然的基础，即人民的自由选举之上，而是本末倒置，从房顶动工。但是，这位大臣至少出于对第三等级权利的尊重，宣布第三等级的代表人数与僧侣和贵族的代表总数相等。从这一条来看，该方案是有积极意义的。实际结果如何呢？竟让第三等级从特权等级中遴选议员。我就知道有一个这样的议会，在五十二名成员中，只有一个不属于特权阶级。人们就是这样在为第三等级的事业服务，而且事先还公开宣布要对第三等级公平相待！

第二节　显贵会议

显贵们已使一个又一个大臣大失所望。提到显贵们，没有比色吕蒂先生[11]卓越的笔锋形容得更中肯了："国王曾两度把他们召集在自己身边，向他们就王权和国家利益征询意见。1787 年[12]显贵们做了些什么呢？他们反对王权，维护特权。1788 年[13]显贵们又做了些什么呢？他们反对国家，维护特权。"本来就不该在特权方面向显贵咨询，而应在知识方面向显贵咨询。倒是小民百姓，每当他们需要就自己的事情，或就与他们确有利害关系的人的事情找人出个主意时，绝不至于找错对象。

内克先生[14]上当了。但是他怎能想到，正是投票赞成在省议会中第三等级代表与另两个等级代表总数相等的这些人，却反对在三级会议中实行这种平等呢？无论如何，公众在这个问题上不曾上当。我们总是听到公众说他们不赞成某项措施，因为他们已预计到其后果；他们认为，即使作最好的估计，由于这项措施迟迟不予实施，国家也将因此受害。这里倒像是个机会，可以探讨一下大多数末代显贵的行为动机。但是我们还是不要走在历史审判的前头吧；对于某些人来说，历史出来讲话还为时过早。这些人身处最佳地位，能指令一个伟大国家实现公正、美好、善良的事物，却热衷于糟蹋这大好机会，为一个卑鄙的集团谋私利。

可见大臣们的几次尝试并未产生有利于第三等级的可喜后果。

第三节　前两个等级的爱国作家

教会和贵族的一些作家在捍卫第三等级的事业方面，比非特权者本身更为热情，更为有力，这是一件了不起的事情。

从第三等级的动作迟缓这一现象中，我只看到了受压迫者身上的那种沉默寡言和畏首畏尾的习惯，这是压迫确实存在的又一证据。如果对人类制度中残酷的不公正没有从内心深处感到愤慨厌恶，怎么可能对社会状况的原则和目的认真严肃地进行思考呢？因此，前两个等级产生了第一批正义和人道的捍卫者，对此我丝毫不感到惊异。才学之士是由专一思索和长期习惯造成的，第三等级成员有千万条理由应该在这方面才华出众；但是公共道义的学识则应首先出现在所处地位更宜于掌握社会重大关系、锐气比通常受挫较少的那些人身上；因为有一些学问既有赖于感情，也有赖于智力。如果国民取得了自由，我坚信不疑，他们一定会怀着感激之情回忆起前两个等级中那些爱国作家的。这些人带头抛弃了年深日久的谬误，以普遍公正的原则为重，反对以集团利益牺牲全民利益的罪恶行径。在等候国民授予他们公共荣誉之际，但愿他们不会鄙视一位公民的敬意，这位公民的灵魂在为自由的祖国而燃烧，对于所有旨在使祖国从封建制度的废墟中解脱出来的努力，他都表示由衷的敬佩！

可以肯定，前两个等级关注第三等级权利的恢复。对这一点丝毫不必隐讳；公众自由的保证只存在于拥有实际力量的地方。我们只有和人民在一起，并依靠人民，才能获得自由。

如果说，对人民的重要性作这样的评论超出了大多数法国人的猥琐和狭隘的自私自利，那么他们至少不能不为公众舆论方面发生的变化而感到震惊。理性的威力日益扩大；归还被窃取的权利日益成为必需。或迟或早，各个阶级必须约束在社会契约的界限之内。是采集这样做法的无数硕果，还是为专制制度而牺牲这些硕果？此乃真正的问题所在。在野蛮与封建的长夜里，人与人的真正关系遭到破坏，所有的国家被搅得动荡不安，所有的司法部门均已腐化；但是，当阳光升起的时刻，必须扫尽哥特人的颠倒黑白，消灭并埋葬古代封建制度的残迹。这是确定无疑的事。我们究竟只是让苦难变个花样，还是让尽善尽美的社会秩序取代旧日的混乱？我们即将经受的变动，将产生于一场从各方面来说都有害于三个等级而仅仅有利于政府权力的一场内战呢？还是从简单与公正的观点出发，通过良好的合作（这种合作必须借助于强有力的时机，由所有利害相关的阶级真诚地加以推动）而产生的那种预期的、驾驭得当的自然结果呢？

第四节 平等承担赋税的许诺

显贵们已正式表示这样的愿望:让三个等级承担同样的赋税。人们并没有就此征求他们的意见。问题是召集三级会议的方式,而不是三级会议要讨论的议题。因此,只能将这种愿望看作来自王公、高等法院,以及大量的社团和个人的一种愿望,这些人现在急急忙忙地表示,最富的人应和最穷的人缴纳同等数量的赋税。谁都明白,倘若从前真是按照应该采用的办法纳税,即作为纳税人的自愿赠与,那么第三等级是不会心甘情愿地表现得比其他等级更慷慨大方的。

这种从未见过的协作行动使一部分公众惊骇,对此我们亦无法隐讳。当一种公平合理的捐税摊派即将由法律予以宣布时,事先就表示乐于服从这种摊派方法,这无疑很好,而且值得称赞。但是,人们心里已经在想,第二等级何以热情得出奇,何以如此一致,如此殷切?当他们提出自动放弃时,是否期望法律不必再对此作明文规定?处心积虑地抢在三级会议将要采取的行动之先,这难道不会意味着企图避开三级会议?我丝毫不指责对国王说这样话的贵族:陛下,您需要三级会议只是为了重整您的财政:好吧!我们愿意同第三等级一样纳税;您看,有了这笔余款,是否就可以让我们摆脱这个会议?我们对这个会议比您更不放心。不,这种看法是不能设想的。人们更有理由怀疑贵族企图给第三等级制造幻想,并以提前给予某种公正待遇为代价,使第三等级忽略当前的请求,转移第三等级的注意力,不去考虑为自己在三级会议中取得某种地位的必要性。贵族仿佛在对第三等级说:“你们要求什么?不是要我们跟你们一样纳税吗?这很对,我们一定缴纳。过去,你们什么权力也没有,一切由我们说了算,我们不费吹灰之力想缴多少就缴多少,那老一套嘛,现在就把它置之脑后吧!”

第三等级可以这样回答:“你们同我们一样担负起捐税的重担,确实是时候了,这笔捐税对你们比对我们更有用。你们早就清清楚楚预见到,这种骇人听闻的不公平再也不能继续下去了。如果叫我们自由捐赠,很显然,我们才不会比你们捐赠得更多。对,你们这回要出钱了,不过不是出于乐善好施,而是出于公平合理;并不是因为你们心甘情愿,而是因为你们必须这么做。我们期待于你们的,是遵守普通法的行动,而不是对你们长期以来冷酷对待的一个等级表示什么带侮辱性的怜悯。但是这件事应该在三级会议上讨论;今天要做的事是使三级会议的组成合理。若是第三等级在三级会议中没有代表,那么在三级会议中便听不到国民的声音。三级会议便将一事无成。即使你们没有我们的协作也能找到在各地建立良好秩序的途径,我们也不能容忍没有我们在场而受人摆布。长期而凄惨的经历甚至使我们不能相信有什么切实可靠的良好的法律,如果法律只是**强者的恩赐**。”

特权者不厌其烦地说,一旦他们放弃金钱上的豁免权,各等级之间便一切平等了。倘若一切平等,他们对第三等级的要求还惧怕什么呢?难道他们以为,第三等级打算损害共同利益从而伤害自身吗?倘若一切平等,为什么还拼命阻止第三等级摆脱它在政治上无足轻重的地位呢?

我倒要请问,是哪一种神奇力量能够保证法国将来再也不会有任何种类的任何弊端? 只有这种力量促使贵族缴纳他们那份捐税。如果除了动用税收的那些人外,各种流弊或混乱继续存在,那么请给我解释一下,从中受益者与从中受害者二者之间怎样能够一切平等。

一切平等! 如此说来,正是基于平等的精神,才向第三等级宣布,把他们最不光彩地排除在所有职务、所有比较高级的位置之外喽? 正是基于平等的精神,才向第三等级榨取额外税,以创造各类巨额财源,专供所谓的穷贵族享有喽?

在我们的特权者和一个老百姓之间不论发生什么事情,这个平民百姓肯定要忍气吞声地受人压迫,这难道不正是因为如果他敢于呼吁公道,他必须求助于某些特权阶级吗? 唯有特权阶级掌握着一切权力,而他们的第一个反应,难道不是视平民的怨诉为不服役使吗? 人们借以使对手沮丧或毁灭的财产分配、提审、延缓定案等一切司法方面的特权,到底对谁有利? 难道对没有特权的第三等级有利吗?

最受税务机关官员和政府各部门下属的人身欺凌的是哪些公民? 是第三等级的成员。我指的始终是真正的第三等级,不享受任何豁免权的人。

法律至少应该做到不偏不倚,但法律本身也分明是特权的帮凶。法律看来是为谁制定的? 为了特权阶级。与谁作对? 与人民作对,如此等等。

可是还想叫人民知足,不要再有什么奢求,因为贵族已同意跟他们一样纳税! 还想叫新的一代人对当代的知识思想视而不见,而对行将终老的一代人再也无法忍受的压迫秩序习以为常! 这是一个永远说不完的话题，只会激起愤怒的感情，我们就不谈了吧！

第三等级的全部特殊捐税必将废除，对此不应有任何怀疑。有这样奇怪的国家，在那里从公共事物中受益最多者反而对此奉献最少；在那里有种种使人耻于承担的捐税，连立法者自己都斥之为使人堕落的捐税。在那个国家里，劳动使人身份降低，消费光荣，生产可耻，艰辛的职业被称为卑贱，似乎除了邪恶之外，尚有其他卑贱事物，似乎正是在劳动阶级中，这种卑贱，这种唯一的真正的卑贱才最多，这种国家叫什么国家？

最后，"人头税"、获得贵族封地的平民应向国王缴纳的税，军队过境时无偿使用居民的家具器皿等等[15]，所有这些字眼均将从政治语言中永远清除。外国人将其资本与技艺带到我们中间来，却受到令人羞辱的区别对待的阻挠。立法者再也不应愚蠢地以排斥这一大批外国人为乐。

当我在设想一个组成合理的议会应该为人民争得这许许多多的好处时，我尚未看见有任何承诺使第三等级得到一部好宪法。第三等级在这方面也没有提出更多要求。特权阶级坚持两院制，坚持在三票中占有两票，他们始终主张这两票各有否定效力。

第五节　特权者与政府的共同朋友所提出的折中办法

政府最害怕的是那种会使全部事务停顿下来的议事方式。只要能就弥补财政赤字一项达成协议，政府对其他事情也就无甚兴趣；各等级爱争论多久就争论多久。相反，他们做得越少，政府越觉得其原有的无限权力完好无损。由此而产生了一种和解方法,人们开始把它四处兜售,因为它大有益于特权阶级和政府,而对第三等级则是致命伤。这就是:建议以按人表决临时税及有关捐税的一切事项。表决后就让各等级各自回到他们那稳如汤池的议院里,让下院议员们在那里毫无成果地争论不休,让特权阶级高枕无忧地尽情享乐,而大臣仍主宰一切。但是,难道有人相信第三等级会上这个圈套吗?表决临时税应是三级会议的最后议程,因此在此之前必须就所有议事的总方式达成一致才行。

第六节　有人提议仿效英国宪法

在贵族这个等级内,不同的利益已日渐形成。贵族分裂为两派已为期不远。一切依附于三四百个名门望族的人,都渴望效法英国,建立上院;他们非常高傲,希望再也不与一般绅士混在一起。故而上层贵族将真心同意将其他贵族与一般公民赶入下院。

第三等级将提防这样一种制度,其目的无非是把那些与普遍利益截然相反的人塞满第三等级的议院,这种制度将把第三等级重新置于无足轻重和备受压迫的地位。就此而言,英法两国之间存在着实质性的区别。在英国,所谓特权贵族无非是指那些根据宪法享有部分立法权的贵族。

所有其他公民在利益一致原则上融为一体;绝无造成不同等级的特权。因此,若想在法国三个等级合而为一,那就必须先废除各种特权。必须使贵族和教士除普遍利益外别无其他利益,使他们只能根据法律享受普通公民的权利。非此,将三个等级冠以同一称谓便是徒然；他们永远是三种不可融合的异质物。大家切莫责怪我支持等级区分，我一向将等级区分视为最有害于一切社会幸福的发明。如若有更甚于此的不幸，那就是在名义上将这些等级融合为一，而实际上则因保持特权而使各等级依旧分离。这不啻让特权永远压制国民。国家要得救，就要求社会的普遍利益在某处保持纯净无杂。正是基于这种唯一正确的、唯一代表国民的观点，第三等级才永远不会同意在所谓的下院中将三个等级混在一起。

第三等级的反抗将得到小贵族的支持，这些小贵族永远不会愿意以其所享特权换取一种可能对他们并无好处的名声。请看，他们在朗格多克果然起来反抗那些男爵贵族了。一般来说，人们都热衷于把一切高于自己的人拉回到与自己平起平坐的地位。他们于是以哲学家自居。只有当他们发现地位比他们低下的人也实行这些同样的原则时，哲学家这个字眼才使他们感到可憎。

第七节　仿效精神不会把我们引向正确道路

假如我们的政治知识追溯得更古远或更普及，我们对于英国的机构就不会如此地信奉。从这方面来说，法国国民的构成不是过于年轻就是过于年老。这两种年龄的人在许多地方都类似，而在只会步他人后尘这一点上更彼此相像。年轻人力求模仿，年长者只知老生常谈。老年人固守其旧有习惯，年轻人则依样画葫芦。他们的本事到此为止了。

故而当大家看到一个国家刚刚睁眼见到了光明，便倾慕英国宪法，要把它当作一切的楷模时，请不必大惊小怪。此时此刻，最好有一位优秀的著作家替我们阐明下述两个问题：

英国宪法本身是否完备？纵然完备，它对法国是否适合？

我很怀疑，这个被人吹嘘得如此厉害的杰作能否经得住按照真正的政治秩序的原则来作的公正检验。也许我们会承认，它是偶然性和机遇的产物，而非智慧的产物。英国的上院显然受革命时期[16]影响。我们已经说过，只能把它视为哥特式迷信的遗物。

请看国民代表制度，英国人自己也承认，它的每一个组成部分都糟得很！然而具备一个良好的代表制度的许多特征恰恰是组成良好的立法机构的根本。

将立法权分为三部分，其中只有一部分被认为是国民的代言人，这种想法是否从真正的原则汲取来的？如果领主和国王不是国民的代表，他们在立法机构便应该什么也不是，因为唯有国民才能表达自己的意愿，从而为自己创立法律。所有进入立法机构者只有受到人民委托，才有资格代表人民表决。既然自由的普选不存在，委托何在？

我并不否认英国宪法在其创立的那个年代是一个惊人之作。但是，尽管有人打算嘲笑我这个不对英国宪法顶礼膜拜的法国人，我仍旧敢说，我在英国宪法中并未看到井然的秩序，而只发现为防止混乱而建立的叠床架屋式的提防设施。由于政治机构中一切均相互关联，由于没有任何一种结果不会又引起一系列的因果来，而人们如果加以深究，还可以由此再引出另一些因果来，因此，善于思索的人发现这里面深奥莫测，这丝毫不稀奇。此外，最复杂的机器出现于先，社会技艺和所有其他技艺的进步出现于后，此乃事物发展的通常过程；社会技艺的成功同样在于用最简单的手段产生最巨大的效果。

就因为英国宪法已维持了一百年，而且看来大概还能持续几个世纪，人们便决定拥护英国宪法，这就错了。事实上人类的制度，无论怎样坏，哪一种不历久不衰？专制制度不是也存在很久，而且在世界上绝大部分地方看来将万古长存吗？

更好的证明是看制度的效果。人们依此观点将英国人民和欧陆上他们的邻国人民加以比较，就不得不承认他们拥有某些更好的东西。确实，他们有一部宪法，尽管很不完整，而我们却什么也没有。这是巨大的差别。人们从实效发现了这点，不足为奇。但是把英国所有好的东西一概归功于宪法的威力，这里肯定有错误。显然还有比宪法本身更有价值的某种法律。我要说一说陪审员审判制，这在英国乃至全世界以追求自由为目的各国，都是个人自由的真正保障。这一公正理案的方法，是防止滥用司法权的唯一方法，凡是在不由同等地位的人审理的地方，这种滥用权力的现象都是司空见惯而骇人听闻的。有了陪审制，为了维护自由，只需不怕可能来自政府权力的非法命令；为此，或者需有一部好宪法，而英国并没有，或者需造成这样的环境，使行政首脑不能明目张胆地依仗强力为所欲为。我们清楚地看到，英国是唯一可以不拥有一支强大陆军的国家。故而英国是无需一部好宪法即可获得自由的唯一国家。想到这些，我们应有足够理由厌恶那种仿效我们邻人的怪癖，并促使我们去考虑我们自己的需要和我们与别人的关系。

我们羡慕不止的这部宪法，并非因为它是英国的所以就好，而是因为它除了一些实实在在的缺点之外，也有一些宝贵的优点。

若是你们试图将它移植到我国来，你们无疑会很容易将这些缺点也搬来，因为对于你们担心会成为障碍的那个独一无二的政权来说，这些缺点是有用的。至于你们能否得到这部宪法的优点，这就更成问题了，因为那时你们将碰到一个力图阻止你们实现你们的愿望的政权。说到底，为什么我们要羡慕英国宪法呢？因为从外表看，它很接近社会组织的正确原则。这是一个判断各种进步的善和美的模式。对这个社会技艺方面的模式，不能说我们今天比1688年[17]的英国人更不熟悉。然而，若是我们有了真正的善的典型，为什么非要仿效一个复制品不可呢？让我们立即树立雄心壮志，把我们自己变成各国的榜样吧！

有人说，没有哪国人民过去做得比英国人更出色。如果确实如此，那么政治艺术的产品到十八世纪末岂不只应是十七世纪得以达到的那个样子？英国人不曾落在他们那个时代的知识发展的后面：让我们也不要落在我们这个时代的知识发展的后面吧！如果我们想要表明自己有资格沿着优秀榜样的足迹前进，那就应该这样去仿效他人。尤为重要的是，不要由于从历史上找不到任何可资借用的东西而泄气。研究社会组织的真正学问兴起还不久。人类在学会建造宫殿之前，长时间盖的是茅屋。同大量与专制主义完全结成一体的那些技艺相比，社会建筑学的进步从来就更慢一些，这是有充分理由的。

第五章　本应做的事。
——有关的原则

“在道德上，没有什么能够代替简单和自然的方法。但是人在徒劳无益的试验上浪费的时间越多，就越害怕还要重新开始的想法，好像重来一次并圆满结束，不见得总比听任种种事件和人为的手段支配强。而运用这类手段，人们必须不断地重新开始，却永远不会前进一步。”

在所有自由国家中——所有的国家均应当自由，结束有关宪法的种种分歧的方法只有一种。那就是要求助于国民自己，而不是求助于那些显贵。如果我们没有宪法，那就必须制定一部；唯有国民拥有制宪权。如果像某些人一再坚持认为的那样，我们已有一部宪法，并且如他们所宣称的那样，根据宪法将国民议会划分为三个公民等级的三种代表，那么人们至少不可能不看到，这三个等级之一会提出某项如此强烈的要求，以致不就此作出决断，便不可能再前进一步。那么，该由谁来裁决这样的争执呢？

人们清楚感到，对这类性质的问题漠然置之的只能是这样一些人，他们把社会事务中的公正和自然的手段看得无足轻重，唯独重视人为的、或多或少不公正的、或多或少复杂的手腕，正是这些东西到处造就了那些所谓国家要人、大政治家们的名望。至于我们,我们绝不离开道德;道德应当调节将人与人之间与其个别利益、普遍利益或社会利益相联系的各种关系。应由道德告诉我们应该做些什么,而且归根结底,只有道德才能告诉我们。任何时候都必须回到简单的原则,因为这比一切天才的努力更有力量。

如果不下决心像剖析一部普通机器那样剖析一个社会,分别察看它的每个部分,随后在想象中把它们全部依次重新组装起来,从而掌握其间的配合,领会由此而产生的全面和谐,我们就永远搞不清楚社会机制。在这里我们不需要进行如此广泛的研究。但是既然必须始终表达清晰,而无原则地高谈阔论根本无法做到这一点,我们至少要请读者观察一下政治社会形成过程中的三个时期,将这三个时期区分清楚会使一些问题得到必要的澄清。

在第一个时期,我们设想有一群数量相当多的孤立的个人想要聚集起来。仅此一举,他们即已形成为一个国民实体;他们拥有国民的一切权利;剩下的问题只是如何行使这些权利。这一时期的特点是许多个人意志在发挥作用。他们努力的结果是结为团体。这些个人意志是一切权力的本源。

第二个时期的特点是共同意志发挥作用。结为团体的人们欲使他们的联盟坚实牢固;他们要想完成联盟的宗旨。为此他们进行商议,并相互商定公众的需求以及满足这些需求的方法。我们看到,这里的权力是属于公众的。个人意志始终是其本源,并构成基本成分;但是若分开来考虑,他们的权力便化为乌有。这种权力只在整体中才存在。共同体必须有共同意志;没有意志的统一,它便根本不能成为有意志、能行动的一个整体。同样肯定的是,这个整体没有任何不属于共同意志的权利。现在让我们穿越时间的间隔来考察。由于加入团体者为数过多，分布的地域过广，因而他们自己无法顺利执行他们的共同意志。怎么办？他们从中分出必要的一部分人去照看和满足公共事务的需要，这一部分人就代表了国民意志，因而也就是权力，也就是说他们将行使权力委托给他们之中的某些人。此即由委托而行使政府权力的由来。就此我们悟出几个道理。第一，共同体表达意志的权利丝毫未被剥夺。这是共同体的不得转让的所有权。它只能将行使权委托出去。此原则在下文中将加以详述。第二，由代表组成的团体甚至也不能拥有此行使权的全部。共同体只能将其全部权力中为维护良好秩序所需的那一部分委托给代表组成的团体。非为此所需的剩余权力丝毫也不给予。第三，故此，代表们不得冲破所受委托的那部分权力的界限。可以设想，此种权力可能自相矛盾。

区别第三个时期同第二个时期的标志在于，在第三个时期，起作用的不再是真正的共同意志，而是一种代表性的共同意志。它具有两个不可抹杀的特点，必须加以重申：第一，这种共同意志并不是完全地、无限地赋予代表组成的团体，而只是国民的大共同意志的一部分。第二，代表们绝不是作为自己的权利，而是作为他人的权利行使这个意志。在这里，共同意志仅被委托而已。

本文会相当自然地引导我们去考虑许多值得思考的问题，我现在只能将这些搁置起来，直奔目的地。这就是弄清楚应如何理解一个社会的政治宪法，并注意它同国民自身的正确关系是什么。

为了某种目的而创立一个团体，而不赋予它一种组织形式，一些规章，以及使它能完成所规定的职能的一些法律，这是不可能的。这便是人们所说的这个团体的宪法。很显然，若无宪法，这个团体就不能存在。也很显然，一切受委托的政府均应拥有其宪法：适用于一般政府的道理同样适用于构成政府的所有各部分。因此，被委以立法权或行使共同意志的代表团体，只以国民赋予它的存在方式而存在。没有组织形式，它便什么也不是；唯有通过组织形式，它才能行动，才能前进，才能掌握方向。

如果要让政府存在或行动，除了必须组织政府这个实体外，全体国民还必须关注这个受委托的公共权力，使之永远不会危害其委托人。因此，人们将许多政治性预防措施掺入宪法，这些措施都是政府的基本规则，没有这些基本规则，行使权力就成为非法。故而人们发觉，赋予政府以确定的内部和外部形式，具有双重的必要性，因为这些形式既保障政府有能力达到它创建的目的，又保证它无能力背离这个目的。

但愿有人告诉我们，依照什么观点，出于哪种利益，才能为国民本身制定一部宪法。国民存在于一切之前，它是一切之本源。它的意志永远合法，它本身便是法律。在它之前和在它之上，只有自然法。人为法只能来源于国民意志，如果我们想对人为法的序列有一个正确的概念，那么，我们首先注意到的便是宪法性法律，它们分为两部分：一部分规定立法机构的组织与职能；另一部分决定各种行动机构的组织与职能。这类法律称为根本法，这并非指它们可以独立于国民意志之外，而是因为依据根本法而存在和行动的那些机构，绝不能与国民意志相抵触。宪法的每一部分都不能由宪法所设立的权力机构去制定，而是由立宪权力机构去制定。任何一种受委托的权力都不得对这种委托的条件作丝毫更动。正是在这个意义上，宪法性法律才是根本的。第一部分法律，即建立立法机构的那些法律，是由国民意志先于任何宪法而建立的；它们构成宪法的第一级。第二部分法律应由专门的代表性意志来制定。因此，政府的各个部分相互呼应，而归根结底取决于国民。我们这里所提供的只是一个很简略的概念，但是这个概念是确切的。

人们随后便很容易理解，严格意义上的那些法律，即保护公民并对共同利益作出决定的那些法律，是由组成的并按照其组织诸条件行事的立法机构制定的。尽管我们把这些法律列为第二级，可是它们却是最为重要的，因为它们乃是目的，而宪法性法律不过是手段。它们可分两部分：直接的或称保护性法律，间接的或称指导性法律。这里不宜对这一分析作进一步的发挥。

从上文我们已看到，在第二个时期产生了宪法。很明显，宪法只同政府相联系。国家通过规章和宪法来约束其代理人，因此，设想国民本身要受这些规章和宪法的制约，这是荒谬的。如果国民非要等到有一种人为的方式出现才能成其为国民，那就至今也不会有国民。国民唯有通过自然法形成。政府则相反，它只能隶属于人为法。国民唯其存在才能起到自己能起的一切作用。将自己所不具有的更多的权利赋予自己，这根本不取决于国民的意志。在第一个时期，国民拥有它的一切权利。在第二个时期，它行使这些权利；在第三个时期，它通过其代表行使为保存共同体和保持共同体的良好秩序所必须的一切权利。我们如果背离这一简单的思维顺序，便只能谬误百出。

政府只有合于宪法，才能行使实际的权力；只有忠实于它必须实施的法律，它才是合法的。国民意志则相反，仅凭其实际存在便永远合法，它是一切合法性的本源。

国民不仅不受制于宪法，而且不能受制于宪法，也不应受制于宪法，这仍无异于说它不受制于宪法。

国民不能受制于宪法。那么国民从谁那里能取得一种人为的组织形式呢？是否先前有一位权威的人，他可能对一群个人说："我把你们聚集在如此这般法律之下；按我为你们规定的这些条件，你们去组成国民。"我们这里说的既不是敲诈勒索，亦不是强行控制，而是合法的，亦即自愿的与自由的联合体。

能不能说，国民可以通过其意志的首次行动，根据不以任何形式为转移的真理，保证将来只以某种既定的方式表达意志？首先，国民既不能丧失亦不能禁止自己表达意志的权利；不管其意愿如何，它都不能丧失改变意志的权利，只要它的利益要求它这样做。其次，国民向谁作这样的保证？我理解它能用什么办法使其成员、受委托人，以及一切隶属于它的机构承担任务；但是在任何意义上，它能为自己规定对自己承担的义务吗？什么叫与自己缔结契约？既然双方均属同一意志，这个意志便可随时解除所谓的契约。

当国民还能做到时，它不应该将自己置于人为形式的束缚之中。这样便会使自己面临永远丧失自由的危险，因为专制制度只要一时得逞，便可以宪法为借口，置人民于某种组织形式之下，于是他们就再也不能摆脱专制枷锁了。我们应该将世界上的各国国民理解为身处社会联系之外的个人，或像人们所说，处于自然状态的个人，他们行使自己的意志是自由的，不牵涉任何民事组织。他们的意志既然只存在于自然秩序中，因此，为了发挥意志的全部效力，只需要带有一种意志的自然特征。无论国民以何种方式表达自己的意愿，只需表达即可；任何形式都可以用，而国民意志永远是最高的法律。既然在设想一个合法社会的时候，我们曾经假定纯粹自然的个人意志拥有组成团体的精神力量，那么，对于同样也是自然的共同意志，我们怎么能够拒不承认一个同样的力量呢？国民永不脱离自然状态，在难以胜数的风险之中，国民用以表达意志的各种可能的方式永远不会过多。我们重申一下：国民独立于一切规章之外；无论以哪种方式表示其意愿，只需将其意志表达出来，一切人为法便在它的面前失效，正像在一切人为法的源泉和最高主宰前面失效一样。

但是，我们的原则的正确性还有一个更为有力的证据。

国民不应也不能强制自己遵从一些宪法规定的组织，因为一旦宪法的各部分发生分歧，那么按规定只能依照此项有争议的宪法采取行动的国民将如何处置？请注意，公民在现行政权中的某一部分找到能迅速结束他们的诉讼的权力机构，这在民事范围中是何等至关重要的事。同样，现行政权的各个部门在遇到一切难题时，应当能够引用立法机构的决定。但是，假如你们的立法机构本身，以及这第一部宪法的各部分之间彼此不一致，那么，谁来充当最高仲裁呢？因为不论何时都必须有一个最高仲裁，否则无政府状态便将取秩序而代之。

怎么能想象一个依据宪法建立的机构可以对宪法作出决定？一个法人团体的某一个或某几个有机组成部分，如果单独分离开来便什么也不是。权力只属于整体。一旦某一部分提出异议，整体便不复存在：整体既已不存在，它又怎么能够仲裁？所以，人们应该意识到，如果国民不是独立于所有的规章及所有的宪法条文而存在，宪法的各部分之间一旦出现小小的障碍，一个国家中便再也没有宪法了。

根据这些说明,现在可以回答我们向自己提出的问题了。你们所看到的法国宪法,它的各部分之间意见不一致是经常发生的。那么应当由谁来作出决定呢?由国民,由必须独立于任何人为组织形式之外的国民来决定。即使国民有了定期的三级会议,凡涉及宪法的争端,也不应由这个依据宪法建立的机构来裁决。如果这样做便是逻辑颠倒,恶性循环。

有一部分共同意志乃为维持良好的行政管理所必需,人民的**普通**代表担负着依据宪法组织形式行使整个这一部分共同意志的任务。他们的权力局限于有关治理的事务。

特别代表将拥有国民乐于授予他们的某种新权力。既然一个国民众多的国家不可能每当非常情况要求举行集会时便将所有的人聚集在一起,个人亲自参加会议,因此必须把处理这类事件的必要权力委托给特别代表。如果国民真能在你们面前集会并表达其意志,你们还敢因为它不是以这种形式而是以另一形式行使其意志而剥夺其权利吗?在这里,实质是一切,形式则无足轻重。

一个由特别代表组成的团体代行国民集会的职能。无疑,它不需要承担国民意志之**全部**;它只需要一项专门权力,并且是在一些罕有的情况下;但是在**独立**于所有宪法组织形式之外这点上,它代行国民职责。这里没有必要采取种种预防措施以免它滥用权力;这些代表仅仅对某一项事务来说是代表,而且只是在特定时期内。我是说他们丝毫不受宪法组织形式的约束,这些形式需由他们来决定。第一,否则这就自相矛盾了;因为这些条文尚未拟就,正有待他们来拟定。第二,对于已经确定了的人为组织形式那类事物，他们没有任何发言权。第三，他们被置于应该亲自制定宪法的国民的位置上。同国民一样，他们独立于宪法之外。同处于自然状态下的个人一样，他们只需表示意愿就足够了。无论他们以什么方式被委派，怎样集会，怎样讨论，只要人们能够知道（国民既然委托他们，又怎能不知道？）他们是依照人民的特别委托办事的，他们的共同意志就与国民本身的共同意志具有同样的效力。

我的意思并不是说，国民不能把这里提到的这种新任务委托给他们的普通代表。同一批人无疑可以协力组成不同的团体。但有一点永远是确实的，这就是特别代表团体与普通立法机构毫无相似之处。这是两种不同的权力。后者只能在为它制定的组织形式和条件中行动。前者则不受任何特殊形式的约束：虽然它仅由少数人组成，但是如果它要给其政府一部宪法，它便集会、审议，一如国民自己集会、审议一般。这些区别绝不是毫无用处的。我们刚才列举的各项原则对社会秩序都是根本性的；如果遇到某种情况，社会秩序不能指出对此应按哪些足以应付一切的行动准则办事，这种情况即使仅仅发生一次，也说明社会秩序是不完善的。

现在该回到本章的标题上来了。处在进退两难和对下届三级会议争议不休的情况下，**人们当初应做些什么**？召集贵族吗？不行。听任国民和国事不死不活吗？不行。在有关各方中间进行活动，促使它们各自作出让步吗？不行。应该凭借特别代表这一重要手段。应该听取国民的意见。

让我们回答两个已经出现的问题：到何处去找国民？由谁来征询国民意见？

第一，到何处去找国民？自然到其所在之处；即四万个教区，它们包括所有国土、所有居民,以及全部向国家纳税者;这无疑是国民之所在。应该划分国土,以便组成包括二十至三十个教区的大区,从中产生初级代表。根据类似方法,各大区可组成为省,由各省向首都派出拥有决定三级会议宪法特别权力的真正特别代表。

你们是否会说这一方法太费时间?事实上,与原来那套只会把事情搞乱的办法相比,这个方法并不更费时间。况且,关键是采取确实的方法去达到目的,而不是斤斤计较时间。假使当初人们愿意或懂得尊重正确的原则,我们在四个月里为国民所做的事,本来会超过才智和公众舆论的进展在半个世纪中的成就,尽管我认为这两方面的进展极大。

但是,你们会说,如果由公民的大多数任命特别代表,那么三个等级的区别会怎么样了呢?特权怎么样了呢?应该怎么样就怎么样。我在上面阐述的原则是不容置疑的。必须抛弃所有社会等级,或者说承认这些原则。国民永远是改革宪法的主人。尤其当宪法遭到非议时,国民不能推卸制定一部固定的宪法的责任。时到如今,大家都已同意这点;难道你们没有看到,如果国民本身只是争论的一方,它便不可能触动宪法?一个服从宪法条文的团体,只能依据组成法决断任何事情。它不能为自己制定另一部组成法。一旦它不依照为它规定的条文行事、说话和活动,它便立即不复存在。因此三级会议即使已经召开,亦无权就宪法作出任何决定。此权利只属于国民,我不厌其烦地重申,国民是不受任何条文与条件限制的。

人们都看到,特权阶级有充足的理由混淆这方面的概念与原则。今天他们竟会大胆地提出与六个月前他们提出的主张截然相反的东西。那时，在法国只有一种呼声：我们根本没有宪法，我们要求制定一部宪法。

到了今天，照他们的说法，我们不仅有一部宪法，而且若相信特权阶级的话，这部宪法还包含两条妙不可言而又无懈可击的措施。

第一个措施是依等级区分公民；第二个措施是在形成国民意志时，各等级的影响一律平等。我们已经十分充分地证明，纵然那时所有这些东西已构成我们的宪法，国民仍然一直有权更改这些东西。更有待进一步加以特别考察的，是所谓每个等级对国民意志影响一律平等，这种平等的本质如何。我们会看到，这种思想已荒谬到了无以复加的地步，没有哪个国家会把这样的东西写进其宪法。

一个政治团体只能是加入此团体的整体。国民绝不会作出决定，说它自己不是国民，或只能以某一种方式成为国民：因为这等于说，如以其他方式，它就不成其为国民。同样，国民绝不会用法律规定，其共同意志将不复为其共同意志。可悲的是，我们不得不陈述诸如此类的主张；如果不想到有人企图从中推导出什么结论的话，这些主张之天真未免显得幼稚可笑。故而国民从来不会以法律规定，共同意志所固有的权利，即多数人所固有的权利，可以转到少数人手里，共同意志不会毁灭自己。它不会改变事物的本质，使少数人的意见成为多数人的意见。显而易见，制定这样的法规不是什么合法合情的行动，而是痴呆的行动。

因此，如果有人硬说，法国宪法应当规定，二千六百万公民当中,二三十万人就等于普遍意志的三分之二,那么,除了说有人坚持二加二等于五之外,又能作何回答呢?

个别意志是构成普遍意志的唯一成分。既不能剥夺最大多数人参与普遍意志的权利,亦不能决定这十个意志只等于一个,而另外十个意志则等于三十个。这些都是矛盾之最,是不折不扣的谬论。

普遍意志是多数人的意见,而非少数人的意见。假若有人有一时一刻抛弃这个一目了然的原则,那就无需讲什么道理了。与此同理,有人可以决定,把一个人的意志说成是多数人的意志,而且既不需要三级会议,亦不需要国民意志,等等……因为假若一个意志可以等于十个,那为什么不可以等于一百个、一百万个、二千六百万个呢?

这些原则会产生什么自然后果,我们对此是否有必要强调呢?有一点是肯定的,那就是在普通国民代表和特别国民代表中,影响的大小只能与有权指定代表的人数多寡成正比。代表团就其所要做的事而言,永远是代替国民本身的。其影响应该保持同样的性质,同样的比例,同样的规则。我们可以得出这样一个结论:所有的原则在以下几点上都是完全一致的:第一,唯有特别代表团才能更动宪法或为我们制定一部宪法,等等;第二,这种制宪代表团的组成不应考虑等级的区别。

第二个问题:由谁来征询国民的意见?假使我们有一个立法机构,它的每一部分都有这样的权利,理由是诉讼人永远有权求助于法官,更正确地说是因为某一意志的代言人必须征询他们的委托人,这种征询或是为着请委托人解释委托的内容,或是为着通知委托人出现了什么情况，要求新的权力。但是，我们已有近两个世纪没有代表了，如果说在此之前我们曾有过代表的话。既然我们根本没有代表，那么在国民面前谁来代行他们的职责呢？谁去通知人民需要派遣特别代表呢？这个问题的答案只会难住那些把乱七八糟的英国概念赋予召集这个词的人。这里说的不是国王特权，而是召集这个词的简单自然的词义。这个词包含告示国务之急并通知共同会晤的意思。可是，当祖国敦促着每一个公民去拯救它时，还能浪费时间去探询谁有召集权吗？倒不如问问：谁没有召集权？对于凡是在拯救祖国中可以有所作为的人，这是神圣义务。行政机构更可以这样做，因为它确实比普通个人有更大的能力，可以通知全体公民，指明集会地点，并排除集团利益可能为召集会议设置的一切障碍。作为第一公民，君主当然比任何人对召集人民更有切身关系。虽然他没有资格就宪法作出决定，但不能说他没有资格促进这样的决定。

因此，人们本应做些什么？这个问题丝毫不难解决：本应召集国民，让他们向首都派遣负有特殊委托的特别代表，以便决定普通国民议会宪法。我不希望这些代表除此之外还有权力根据他们自己制订的宪法，以另一种资格随后组成普通议会。我担心他们不能一心一意为全民利益做事，而是过分注重他们即将组成的集团的利益。从政治上来说，正是各种权力的混杂和分工不清，才使世界上经常不能确立起社会秩序。只要人们愿将应加以区别的东西分开，就能经过努力解决人类社会的重大问题，使人类社会按其组成者的普遍利益行事。有人会问，我为何在人们本应做的事情上大费笔墨。

人们会说，过去的已经过去了。我的回答是：首先，认识过去本应该做些什么，会引导人们去认识将来要做些什么。其次，陈述正确的原则，尤其是讨论对大多数人来说非常新颖的题目，总是有益的。最后，本章中阐述的真理会有助于更好地解释下一章中的真理。

第六章　尚需做的事。若干原则的阐发

三个等级一心只考虑抵御政府的专制，准备联合起来反对共同敌人，那个时代已经过去，尽管国民利用目前的时机，朝着社会秩序哪怕只前进一步，第三等级也不会不从中得益；可是，前两个等级看到王国的各大市镇正在要求属于人民的政治权利中的小小一部分时，他们的自尊心便大大受伤。这些特权阶级如此热衷于维护其多余之物，如此急于阻止第三等级取得此类实在不可再少的必需之物，他们到底希望什么？他们是否要让大家引以为傲的振兴专为他们一己服务？他们是否要把始终不幸的人民只当作盲目的工具来加以利用，以扩大和延长他们的贵族统治？当后代人听说国家的第二等级和僧侣即第一等级曾如此狂怒地讨伐市镇的要求时，他们将会怎么说呢？他们会相信曾有过秘密和公开的联盟故意制造紧张局势，以及使人民捍卫者中计的恶毒伎俩吗？在爱国作家为后代撰写的忠实记述中，什么也不会遗漏。他们将告诉大家，在一种连最自私的人也会发出爱国热情的情况下，法国贵人们的行径是多么高尚；在位王朝的王公们如何断然插手国家各个等级之间的争执；他们如何听任卑劣的文人们大量制造恶毒而又可笑的诽谤，让这类诽谤充斥这些文人署名出版的令人难以置信的报告中?

有人抱怨第三等级的某些作家言辞激烈。一个孤立的个人,他的思想方法算什么?微不足道。第三等级真正的活动,确确实实的活动,仅限于在城镇和一部分有三级会议地区呈递请愿书。请将这些活动与王公们同样确确实实的反对人民的活动作一对比(人民小心翼翼地不去攻击他们),可以看出,前者是何等谦恭,何等节制!后者又是何等凶暴,何等不公之至!

第三等级期待得到所有各阶级的协助,期待恢复其政治权利和享有全部公民权利,但都枉然;前两个等级由于惧怕看到改革流弊而产生的不安,甚于他们对自由的渴望。在自由和某些可憎的特权之间,他们选择了后者。他们的灵魂已与奴役带来的好处融为一体。不久以前他们还热情召唤三级会议,如今却惧怕三级会议了。对他们来讲,万事如意,他们所抱怨的只是那种革新思想;他们什么也不缺;恐惧已经给了他们一部宪法。

第三等级应该在思想和事物的发展中看到,除了他们自己的知识及勇气外,什么也指望不上。理性与正义在他们一边;他们至少应该坚信理性与正义的全部力量。不,谋求各派和解的时代已经过去了。在被压迫者的力量与压迫者的盛怒之间,还能期望达成什么协议呢?

他们竟然说出了分裂一词。他们这样来威胁国王和人民。啊!伟大的上帝!这个求之不得的分裂若能一劳永逸,国民将何等幸福!撇开特权阶级会是多么惬意!把特权阶级变为普通公民将是多么困难!

有一些问题,那些害怕正义的人大概永远不会讨论;这些问题肯定有助于启发公众，而且，自愿也罢，强制也罢，知识一定要导向公正。况且，对于第三等级来说，已不再是有所改善或是依然如故的问题。形势绝不允许这样盘算；必须要么前进，要么倒退；要么废除不公平的非社会的种种特权，要么承认这些特权并使之永存。所以，人们应该感到，在十八世纪末还企图认可封建制度可憎的残余，这是多么荒诞。在这个问题上，事物消失了，表达这些事物的语言却保留下来了。贵族们津津有味地说着*平民*、*乡巴佬*、*泥腿子*这些字眼。他们忘记了，不管赋予这些词语什么含义，时至今日，这些字眼要么对于第三等级已风马牛不相及，要么对三个等级全都适用：他们还忘记了，当这些词语意义确切之时，他们自己当中百分之九十九的人都无可辩驳地是平民、乡巴佬和泥腿子。

对于时间和事物的必然发展所引起的变革视而不见，也是枉然；这种变革并不因此而不存在。从前，第三等级是奴隶，贵族等级是一切。今天，第三等级是一切，贵族不过是一个词。但在这个词下，却溜进来一个新的难以容忍的贵族阶级；而人民有一切理由绝对不要贵族。

在这样的处境中，假使第三等级要以对国民有利的方式拥有其政治权利，还需要做哪些事呢？达到这个目的的方法有两种。根据第一种方法，第三等级应当单独集会：他们绝不与贵族和僧侣合作，无论依*等级*还是依*人头*，他们都不与贵族和僧侣坐在一起，我请大家注意，第三等级的会议与另外两等级的会议之间存在着巨大区别。第三等级的会议代表二千五百万人，商议的是国民利益。而另外两个等级，即使他们合在一起，也只不过拥有近二十万人的权力，而且只考虑他们的特权。有人会说，第三等级不能组成

三级会议。啊！那更好，他们将组成**国民议会**。

如此重要的主意需要用正确的原则中最清晰和千真万确的道理加以论证。

我说，僧侣和贵族的代表同国民代表毫无共同之处，三级会议中三个等级间绝无联合可能；既然他们绝不可能共同表决，所以他们既不能依**等级**表决，亦不可能依**人头**表决。在第三章末尾，我们曾许诺要在这里证明这一真理。此外，这一真理也许不能提供什么新鲜的东西：有识之士早已将它传播到公众之中了。

有句格言谈到万能权时说，**没有比无权更大的缺陷**。大家知道，贵族并不是僧侣和第三等级委派的。僧侣绝不负有贵族和第三等级的委托。由此可见，每个等级都是自成一体的国民。正如荷兰三级会议或威尼斯政务会议无权就英国国会的决议进行表决一样，每个等级亦不得干涉他等级的事务。受委托的代理人只与他的委托人发生联系，代表只有为他所代表的人代言的权利。假若不承认这一真理，就必须取消所有原则。

有鉴于此，我们应该看到，要想找出每个等级在参与形成普遍意志时应占什么比重或比例，这种企图完全是徒劳无益的。只要仍保留三个等级和三种代表，这种意志便不可能是**一个**。这三个会议至多能在同一愿望下聚集在一起，犹如结成同盟的三种国民可以形成同一愿望。但永远不可能把它们变成**一种**国民、**一种**代表和**一个**共同意志。我感到，这些真理尽管都是千真万确的，但在一个不以理性与政治公正为指导的国家里，却变得令人困惑不解了。有什么办法呢？你们的房屋全靠人工支撑，奇形怪状的支柱多得不可胜数，七颠八倒，既无风格，又无设计，有的只是在即将坍塌的地方胡乱撑上几根柱子；要么应该重建这所房屋，要么就需下定决心在困境中得过且过，终日担心着有一天死在瓦砾堆下。社会秩序中一切都相互关联。若忽略其中一个部分，其他部分也难免同受其害。如果开始就毫无秩序，他们必将看到其后果。倘若从不公正与荒谬中取得的果实竟与从公正与理性中取得的果实一样，那么公正与理性的好处又何在？

你们大叫大嚷说，如第三等级单独集会是为了组成国民议会，而不是所谓三级会议，他们便不能为僧侣和贵族投票，这两个等级也不能为人民议事。首先，我请你们注意，正如我们刚才所说，第三等级代表无可非议地拥有构成国民的二千五百万或二千六百万人的委托书，仅二十万左右的贵族或教士不在其中。他们给自己加上国民议会的头衔，这个数目已足够。因此，他们代表全体国民商议政事将毫无困难，排除在外的仅二十万人。依此设想，僧侣可继续开他们的会，讨论向国王无偿奉献；贵族可讨论采取某种方法向国王缴纳御用金；为使对这两个等级的特殊安排永远不会成为第三等级的沉重负担，第三等级一开始就应正式宣布，他们不打算缴纳任何其他两个等级不承担的课税。只有依此条件他们才对御用金投赞成票；如发现僧侣和贵族以某种借口免缴课税，那么即使税额已经分配停当，也绝不能向人民征收。

这种安排也许和另一种安排一样，有利于将全民逐渐引向社会统一，虽然表面上看去并非如此。但是至少从现在起，它对解除正威胁着这个国家的危险有所裨益。事实上，当人民看到两个特权集团，也许还有第三个集团的一半，准备在三级会议的名义下，摆布人民的命运，把万古不变的悲惨命运强加在他们身上，他们怎能不感到恐惧？驱散二千五百万人心中的惶恐，并通过我们的原则与行为证明，当我们谈到宪法时，我们是了解并尊重宪法的首要成分的，这种做法完全正确。

毫无疑问，僧侣和贵族的代表绝不是国民的代表；因此他们没有资格代表国民投票。

假如让他们来审议有关普遍利益的事项，后果又将如何？第一，如果表决依等级进行，其结果必然是二千五百万公民不能就普遍利益作出任何决定，因为十万或二十万特权者不喜欢普遍利益。这也就等于说，一百多人的意志将被一个人的意志所取缔，所消灭。

第二，假如表决依人头进行，那么即使特权阶级与非特权阶级之间影响平等，其结果也必然是二十万人的意志可与二千五百万人的意志平分秋色，因为这两部分人的代表数额相等。然而，组成一个议会，使之能够投票赞成少数人的利益，岂不活见鬼？岂不是与议会南辕北辙？

在前一章里，我们已经论证了这一必要性，即只承认大多数人的意见为共同意志。这个准则是不容争议的。由此得出的结论是，在法国，第三等级的代表是国民意志的真正受托人。故此他们可以准确无误地代表全体国民讲话。因为，即使特权阶级联合在一起，始终一致地反对第三等级，他们也依然不能在第三等级的审议中与大多数人势均力敌。根据既定数字，每个第三等级代表均代表近五万人表决；故而只需规定，在下院中超过半数五票为多数，即可将二十万贵族或僧侣一致所投的票视为无足轻重了；请注意，在这一假设中，我姑且不考虑前两个等级的代表绝非国民代表，我还同意听任他们坐在真正的国民议会中，运用他们单独拥有的影响，不停地发表反对多数人愿望的意见。纵然如此，他们的意见也显然必将居于少数。

以上这些论述，既足以证明第三等级必须自己单独组成国民议会，又足以在理性与公正面前，批准第三等级无一例外地代表全体国民议事和表决的要求。

我知道，对第三等级中最善于捍卫该等级利益的那些成员，这样的原则并不完全合他们的口味。好吧，但愿人们不否认我是从真正的原则出发的，我的推理所依据的是正确的逻辑。我还要说一点，不能把第三等级与前两个等级分离斥为制造分裂；必须将这个词语及其含义留给首先使用这个词语的人。事实上，多数根本不会与整体分离；否则多数和整体这两个词就有矛盾，因为多数要脱离整体，那多数就非与自身分离不可。唯有少数人才会根本不愿服从多数的愿望，因而唯有少数才会制造分裂。

不过，我们向第三等级指出他们共有哪些手段，确切地说，共有哪些权利时，我们的意图绝对不是怂恿他们全部加以运用。

我已申明，第三等级有两种手段可使自己在政治领域中拥有他们应占有的位置。假如我刚才提出的第一种手段显得有些过于突然；假如有人认为必须让公众有时间来习惯于自由；假如有人认为，对于一些国民权利，无论其如何昭灼，一旦有人争夺，即使是最少数人来争夺，亦需要某种法律裁决——姑且借用此词——来加以确定，并通过最终批准加以认可，我并不反对；那就让我们诉诸国民这个法庭，这个唯一有权裁决所有涉及宪法争端的仲裁者吧！此即第三等级可采用的第二种手段。

在这里,我们需要全部重温一下前一章中关于必须组成普通代表团的论述,以及就只能将这项重大工作委托给拥有特殊的专门权力的特别代表的论述。

大家不会否认,下届三级会议的第三等级会议肯定极有资格召开全王国的特别代表会议。因而也正应该由他们来告诉全体法国公民,法国的政体是虚伪的。他们将高声指斥,三级会议是一个组织不善的团体,不能履行其全国性职能;他们同时还将阐明,必须赋予特别代表以专门权力,以便通过可靠的法律,确定立法机构的组成形式。至此,第三等级虽不中止其准备工作,却暂停行使其权力;他们将不作任何最后决定;他们将等待国民对划分三个等级这个大讼案作出裁决。我认为,这是最光明磊落、最宽宏大度,因而最符合第三等级尊严的做法。

故而,第三等级可以从两个角度来看待自己:从第一个角度,他们只把自己看作是一个等级;于是,他们同意不完全荡涤从前不开化时代的偏见;他们在身份上将另外两个等级区分开来,但除了合乎事物常理的权势外,再不赋予另外两个等级以其他的权势,他们对那两个等级尽量尊重,同意对自己的权利采取存疑态度,直至最高仲裁者作出决定。从第二个角度,第三等级就是国民。以此资格,他们的代表组成整个国民议会;他们拥有国民议会的一切权力。既然他们是普遍意志的唯一受托人,他们便无需就实际上不存在的争执与他们的委托人磋商。无疑,他们时刻准备服从国民乐于为他们制定的法律;但是如果他们自己要向国民提出法律,那就不能涉及从国民议会中多数等级中产生的任何问题。

派遣一个特别代表团,或至少如上所述设置新的专门权力,以便首先处理宪法这一重大事务，看来是结束国民现时的纠纷和可能产生混乱的好办法。即使无需担心这些混乱，这仍然是一项必须采取的措施，因为无论我们是否高枕无忧，我们都不能不了解，不能不设法获得我们的政治权利。假如我们考虑到政治权利乃是公民权和个人自由的唯一保证，这种必要性对我们来说就显得更加迫切。

如果我只准备提供一些行动方法，到这里我这篇对第三等级的论述就该结束了……但是我的目的是还要对一些原则加以阐发。因而请允许我在即将发生的关于如何切实组成国民议会的公开辩论中，继续捍卫第三等级的利益。我要讲的绝非一般事务，亦非权力，而是关于决定应由哪些人来组成代表团的规则。

首先必须清楚地了解国民的代议机构的宗旨或目的是什么；它不能有别于国民本身抱定的目的，如果全体国民能够聚集在同一地点进行商议的话。什么是国民的意志？它是全部个别意志的产物，一如国民是所有个人之聚合。不可能设想一个合法的团体不以公共安全、公共自由，总之，公共事务为目的。无疑，每一个人又都抱有个人目的。他对自己说：在公共安全的保护下，我可以安心地从事于我的个人计划，我将追求我所理解的幸福，确信我将遇到的法律界限，无非是社会出于公共利益的考虑而为我规定的那些界限，而公共利益中有我的一份，况且我的个人利益已与公共利益极为有益地结合在一起。

但是，能否设想，在全体会议中会有这样一些成员，他们狂妄到竟敢说："你们聚集在这里，并不是为了商议我们的共同事务，而是为了来管我的事务以及我和你们当中某些人组成的小集团的事务。”当我们说一些加入联合的人之所以集会，是为了处理与他们共同相关的事情，这就解释了促进各成员加入联合的唯一动机，说出了一个如此简单的根本道理，以致越想证明这些道理，结果反而削弱了这些道理。

现在，让我们来说明一下国民议会全体成员如何以各自的个别意志，同心协力去形成这一不应违背公共利益的共同意志，这是很有意义的。

首先，让我们以最为有利的假设来阐述这一政治规则，或者说这个政治机制：这个假设就是，公益精神的力量十分强大，只允许在议会中反映共同利益的活动。这类奇迹历来罕见，而且并不持久。如果把团体的命运与努力从善挂上钩，那是太不了解人类了。当利己主义似乎支配了所有灵魂因而民风日下时，我认为，即使在那种漫长的间歇时期中，一个国民的议会也必须组织得十分良好，使这个议会中的个人利益始终处于孤立，而多数人的意愿永远与普遍利益一致。

我们应注意到，人心中有三种利益：第一种利益使人们彼此相似；它给公共利益规定适当范围；第二种利益使个人仅与若干他人联合；此即集团利益；最后，第三种利益使每个人自我孤立，只考虑自己；此即个人利益。使一个人与同一团体中所有的人相一致的利益，显然是众人意志的宗旨，也是共同集合在一起的宗旨。在这里面，个人利益应该毫无影响。事实也正是如此，因为个人利益各不相同，结果都不能发生影响。最大的困难来自那种使一个公民仅与若干他人相一致的利益。这种利益促进人们共同商议，结成联盟；由此策划出危害共同体的计谋；由此形成最可怕的公众的敌人。这类事实在历史上屡见不鲜。

因此，社会秩序严格要求普通公民不组成*行会*，甚至要求那些势必组成真正*集团*的受命掌握行政权力的人，在他们任职期间，不谋求被选为立法代表，对这些要求，请不必大惊小怪。

没有其他办法，只有这样才能确保公共利益支配个人利益。只有在这种情况下，人们才能懂得为什么基于加入者的普遍利益，有可能建立起人类的联合体，并从而说明政治团体的*合法性*。

上述原则亦同样有力地使人感到，必须按照一个不允许议会养成集团意识并蜕化为贵族的计划，建立代议制议会本身。我在其他章节中已充分阐明的下述各基本准则亦生于此种考虑：代表团应每年更换其三分之一；卸任的代表只应在相当长的间隔后才有再次当选的权利，以便让尽可能多的公民参与公共事务，因为公共事务如可被目为若干家族的事务，它也就不成其为公共事务了，等等，等等。

但是，如果立法者不尊重这些基本概念，不尊重这些十分清楚、十分确切的原则，却相反地擅自在国家机构中创设行会，承认一切正在形成的行会，并以立法者的权势对它们加以认可；如果立法者竟敢号召规模最大的因而也就是危害最大的那些行会，在*等级*的名义下成为国民代表团的一部分，这表明邪恶的原则在人们中间千方百计地损害一切，毁灭一切，搅乱一切。只要让这些可怕的*行会*拥有凌驾于国民这个大团体之上的实际优势，那么，社会混乱就会达到顶点并得以持续下去。如果不应将此归咎于事物本身的盲目发展，或归咎于我们的先人的无知和凶暴的活，那么人们就指控立法者应对法国大部分弊病负责，这些弊病使这个美好的王国陷于水深火热之中。

我们了解国民议会的真正宗旨;建立国民议会绝非为着照管公民的个人事务,它只从共同利益的观点对它们作总体考虑。我们从这里可得出一个自然的结论,那就是指定代表的权利之所以属于人民,只因为他们之间有着共同的品质,而不是因为他们之间有着不同的品质。

使公民彼此区别的各种优势是超乎公民性以外的东西。财产与技巧的不等犹如年龄、性别、身材等等的不等一样,绝不改变公民责任感的平等。无疑,这些属于个人的优势是受法律保护的;但是立法者却不应制造这类性质的优势,将特权赋予一些人,而拒绝赋予另一些人。法律不赋予任何东西,它保护业已存在的东西,直至业已存在的东西开始损害公共利益时方停止保护。只有在这里才对个人的自由设置界限。我将法律比作一个庞大球体之中心;所有公民无一例外,在圆周上均与中心保持同等距离,所占位置相等;所有的人都同等地依存于法律,所有的人都将其自由与财产交由法律保护;这就是我所称的公民的普通权利,在这点上他们彼此全部类同。所有这些个人互通往来,作出承诺,磋商协议,这一切始终在法律的共同保障下进行。在这一普遍运动中,倘若某一个人想要统治他的邻人,或篡夺其财产,普通法便制止这种侵害,并将所有的人重新置于与法律同等的距离上。但是法律丝毫不妨碍每个人根据其先天与后天的才干,随机遇好坏,凭财运或卓有成效的劳动来增加财产,并可在其合法的地位上,提高最符合他的欲望而且最值得羡慕的幸福。法律保护所有公民的共同权利,也就保护了一切他能做的事的权利,除非公民想要做的事已开始危害公共利益，否则这种保护绝不会停止。

也许我对同样的思想反复陈述过多，但是我没有时间将它们压缩到最简洁的程度，况且，在陈述一些人们特别生疏的概念时，并不宜过于简练。

所以唯有使公民们彼此类同的利益才是他们能够共同相处的利益，只有凭借这种利益并以这种利益的名义，他们才能要求政治权利，即要求积极参与制定社会法律，因此，也只有这种利益才给公民打上可代表品格的烙印。因此某人之所以有权选举代表和被选为代表，并非由于他是特权者，而是由于他是公民。我再重复一遍，一切属于公民的东西，诸如公共利益、私人利益，只要它们不损伤法律，均有受保护的权利。但由于社会联合只能由一些共同点结合而成，因此只有共同品格才有权立法。故此，集团利益不但不能影响立法机构，只能使立法机构信誉扫地；集团利益与代表团的宗旨背道而驰，又与其使命格格不入。

当涉及特权集团与特权等级时，这些原则就变得更加严格。我说的特权者，是指所有背离共同权利的人，或因他声言不完全服从普通法，或因他声言有享有特殊权利。特权阶级是有害的，不仅因其集团精神，而且因其存在本身。它所获得的那些必然违反公共自由的优惠愈多，就更须将其排除在国民议会之外。特权者只能因其公民资格而可以被人代表；但是在他们身上这一资格已被破坏，他们丧失了公民责任感，他们敌视共同权利。如果给予他们代表权，这在法律上将是一个明显的矛盾；如不采取强制行动，国民是不会屈从此种法律的；但是不能这样设想。

当我们论证现行权力机关中的受命人不能拥有立法代表的选

举权和被选举权时,我们并未因此而不再把他们视为真正的公民。像所有其他人一样,他们在个人权利上仍是公民。职位使他们与众不同,但这绝不能破坏他们身上的公民责任感,相反,职务是为了完成公民责任感的权利而设立的。假如仍需让他们停止行使政治权利,那么对于蔑视共同权利、杜撰与国民毫不相干的共同权利的那些人应当作何处理?这些人的存在本身经常与人民这个大团体为敌。显然,这些人已经摒弃了公民性,当然不应享有选举权与被选举权。对一个其公开声明的利益至少并不与你们的利益相敌对的外邦人,你们尚且不给予选举权与被选举权,对这些人当然更应如此。

概括起来说:凡背离公民共同品格者,均无权参与政治,这是一条原则。人民的立法机构只能负责保证普遍利益。但是,如果存在着因其地位而与公共秩序为敌的特权者,而不是对法律来说几乎是无关紧要的简单差别,这些特权者就应该断然被排除在外。他们可憎的特权存在一日,他们便一日不得拥有选举权和被选举权。

我知道,在大多数读者看来,这样的一些原则会显得荒唐。这是因为对于真理来说,偏见可能显得很荒唐,所以对偏见来说,真理大概也显得荒唐。一切都是相对的。我的原则是确切的,我的结论是正确的,对我来说这就够了。但是,至少,有人会说,这些东西眼下是绝对行不通的。我也根本不以将其付诸实施为己任。对我来说,我的角色亦即所有爱国作家的角色;这就是阐述真理。另一些人视其力量和境遇,将或多或少地接近真理,或出于恶意而背离真理;我们所无法阻止的东西,我们也只好忍受。假如大家都照实思考，那么一旦变革展示出符合公共利益的宗旨，再巨大的变革也不会有任何困难。除了竭尽全力来帮助传播这一开拓道路的真理之外，我还能做什么比这更有益的呢？对真理，人们开始时难以接受，继而思想上对它渐渐习惯起来，公共舆论也逐渐形成，终于，人们在实施中发现了那些起初被称作痴心妄想的原则。在几乎各类的偏见中，假使某些作家们当初未曾心甘情愿地被人当作疯子，今天的世界还不会这样开明。

我到处遇到只愿一步一步地走向真理的温和派。我怀疑他们这样说时，是否能为人们所理解。他们把行政官的步调同哲学家的步调混为一谈了。前者在可能范围内向前行进；只要他们不偏离正确的道路，得到的只能是人们的赞扬。但是这条道路必定已由哲学家开辟到尽头。他们必已抵达终点，否则，他们便无法确证这条路千真万确地通往终点。如果他们以小心谨慎为借口，想让我停步便让我停步，我怎么能知道他们引导我走的是正路呢？难道他们怎么说就应该怎么信吗？在理性范围中是不允许盲目相信的。确实，有人在慢条斯理地说完一句再说一句的时候，看来正企图并希望陷敌手于措手不及，使敌手落入圈套。我丝毫不想与人争论，是否甚至在个人之间，坦率行事亦为最精明；缄口不语和见机行事，被认为是集人们经验之大成的技巧；但是，当这许多代表真正和开明利益的人公开讨论一些全民事务时，这种态度无疑是不折不扣的愚蠢。在这里，真正促使事物前进的方法，不是对敌人掩盖敌我皆知的东西，而是使公民的大多数深信事业的正义性。有人过于相信真理可划分为若干部分，以为这样真理便可零星地较为容易地进入人们的头脑。不对，灌输真理常常需要通过强烈的震动;光辉给人留下强烈的印象,使人对公认的真实、美好和有益的东西产生炽热的兴趣;但是真理并不全部具有这种光辉。

只有对真理发展的过程不甚了了的人才会设想,应让全体人民对自己的真正利益始终茫无所知,而集中在少数几个人头脑中的最有用的真理,只应随着某个能干的行政官为保证其措施得到成功感到需要真理时才逐步显现。首先,这种看法是错误的,因为这根本不可理解。其次,谁人不知真理只能慢慢地进入同国家一般大的群众头脑之中?难道不需要给为真理困惑的人们留点时间让他们习惯于真理,给如饥似渴地接受真理的年轻人留点时间让他们成长起来,让老年人有时间悄然消逝?一句话,难道打算到收获时节来到才播种吗?如果这样,就永远不会有收获了。

况且,理性绝不喜爱神秘;只有通过大规模传播,它才起作用;只有到处出击,它才能击中要害,因为这样才能形成舆论的威力,大多数于人民有利的变革,大概都应归功于这种舆论的威力。你们说,人们尚无倾听你们的思想准备,你们将使许多人感到吃惊。必须如此:最值得宣布的真理,并不是那种人们已经相当熟悉的真理,并不是那种人们已然准备接受的真理。不,恰恰因为它会刺激更多的偏见、更多的私利,才更有必要加以传播。大家未注意到,最需谨慎对待的偏见是与真诚相连的偏见;我们要刺激的最危险的私利,是那种人们认为自己拥有正义,而真诚又赋予其全部感情的私利。必须把它们的这种奇怪力量拔除掉;必须通过解释、说明使这些偏见和私利归结为单纯的不义手段。我现在向温和派说明上述这些想法,如果他们不固执地经常将行政官谨慎而有节制的行为与哲学家的无拘无束的冲劲混为一谈,那么,他们便不会再为他们称之为为时过早的真理担忧了。行政官若不计算各种摩擦和障碍，就会把一切搞糟；哲学家则因见到困难而越发激动；人们的头脑越受封建不开化的禁锢，越需要哲学家来阐明正确的社会原则。

最后，有人会说，如果说特权者们根本无权要求**共同意志**来关心他们的特权，至少他们应该以公民资格，和社会的其他成员一起，享有他们政治上的代表权。

我已经说过，当他们具备了特权者的性质时，他们就已经成为公共利益的真实敌人；因而他们绝对不能承担保障公共利益的任务。我补充一点：只要他们愿意，回到社会秩序中来的主动权始终操在他们自己手中；同样，失去政治权利的行使权也完全是出于他们自愿。最后，既然他们的真正权利，那些可能成为国民议会讨论议题的权利，对他们与对构成国民议会的议员们完全相同，当他们想到，如果议员们试图损害这些权利，这些议员也将损害自己时，他们便可以聊以自慰了。

因此可以肯定，唯有非特权等级的成员可以成为选民和国民议会议员。第三等级的愿望对全体公民来说永远是良好的，特权等级的愿望则永远是邪恶的，除非他们不考虑他们的私利，愿意同普通公民一样投票，就是说，同第三等级一样投票。故而第三等级足以满足大家对国民议会的一切期望；故而，人们有理由期待于三级会议的一切好处，唯有第三等级才能带来。

有人也许会想，特权等级还有最后一着，那就是把自己看作是单独存在的一国国民，要求拥有单独的独立的代表团……我在本书的第一章便已预先答复了这一妄想，我证明了特权等级绝不是，也不可能成为单独存在的人民。他们只是而且只能靠真正的国民生活。哪一个国民会自愿赞同这样一种结盟呢?

目前,还不能说两个特权集团在社会秩序中应占据何种位置:这无异于询问,打算给予在病人体内正在损坏并折磨着病人的恶性脓肿以什么位置。必须消除它的有害影响,必须使人体和所有器官的功能恢复良好,以确保在各种器官中不再形成这类会败坏生命力的最基本要素的病原性组合物。

注　释

① 路易十一(Louis XI,1461—1483在位),法王查理七世之子。1477年击败以勃艮第公爵大胆查理为首的贵族叛乱。到1483年,将法国领土,除布列塔尼外,几乎全部统一起来,从而奠定了法国君主专制制度的基础。

② 黎塞留(Richelieu,1585—1642),法国国务活动家,红衣主教,路易十三(1610—1643在位)的首相,1624年起成为法国的实际执政者。他大大巩固了君权,加强了国家的中央集权制。在他的统治下,法国专制制度的主要特征完全形成。

③ 路易十四(Louis XIV,1643—1715在位),他统治的时期是法国专制制度的全盛时代,由于穷兵黩武和挥霍无度,使法国陷于民穷财尽的地步。

④ 裁判区(district)系旧制度下一种司法地域区划,法官不得越出本区执法。大法官(bailli)代国王或领主行司法权,其所辖区划即大法官辖区(bailliage)。

⑤ 讷韦尔(Nevers)的主教先生系指讷韦尔的主教皮埃尔·德·塞吉朗(Pierre de Seguiran)。他曾出席显贵会议,在会上提出这一观点。

⑥ 美男子菲利普(Philippe le Bel,1285—1314在位),法王菲利普三世(1270—1285在位)之子。他在位期间大大增强王权,贬抑封建权力,同教皇博尼法斯八世(Boniface Ⅷ,1294—1303在位)在教士纳税问题上冲突,1302年他首次召集三级会议,他的反教皇立场受到支持。经过斗争,终于胜利地选举法国人克莱门五世(Clément V,1305—1314在位)为教皇,并将教

廷迁往法国阿维尼翁。在他治下,法国领土进一步扩大。

⑦ 1614年以来法国合并的新省份分别为阿尔萨斯(根据1648年威斯特伐里亚条约)、鲁西荣、阿图瓦(根据1659年比利牛斯条约)、弗朗什-孔泰(根据1678—1679年尼姆维根条约)。

⑧ 哥特时代(les siècles gothiques)在这里是指中世纪。

⑨ 卡伦(Calonne,1734—1802),1783年继内克(Necker,1732—1804)任财政总监,提出整顿法国财政实行纳税平等的政策。1787年召开的显贵会议反对他的改革方案,并指控他舞弊。卡伦解职逃往英国。大革命时期成为流亡贵族首领,执政府时期方回法国。

⑩ 马耳他相传曾为圣保罗之落难岛,在历史上曾为许多国家争夺不休。1530年,神圣罗马帝国皇帝卡尔五世(Charles Quint,1519—1556在位)将马耳他赐予耶路撒冷圣约翰慈善团修士作为封邑,这些人后成为马耳他教派骑士。

⑪ 色吕蒂(Cerutti),作家,在三级会议召开前夕,曾发表抨击贵族阶级的政论性小册子,文锋犀利。

⑫ 1787年2至5月,召开首次显贵会议,会上显贵们反对卡伦的改革方案,向国王提出召集三级会议建议。

⑬ 1788年11至12月,召开第二次显贵会议。

⑭ 内克(Necker,1732—1804),法国政治活动家,十八世纪七十至八十年代多次被任命为财政总监,大革命爆发前夕曾试图进行某些财政改革。

⑮ 人头税(taille)为平民向国王或农奴向领主缴纳的直接税。

获得贵族封地的农民向国王缴纳的税,即自由封地税(franc-fief)。军队过境时无偿使用居民的家具器皿叫做器皿使用权(ustensile)。

以上这些均为大革命以前法国存在的封建特权。

⑯ 指英国十七世纪革命。

⑰ 1688年,英国发生政变。国会中的辉格党人和托利党人推翻詹姆士二世(1685—1688在位)的专制统治,从荷兰迎立威廉和玛丽为英国国王和女王。这次事件在英国历史上称为"光荣革命",君主立宪制从此确立。

译名对照表

A

Avignon　阿维尼翁

B

Boniface Ⅷ　博尼法斯八世

Bourgogne　勃艮第

Bretagne　布列塔尼

C

Calonne　卡伦

Cerutti　色吕蒂

Charles le Téméraire　大胆查理

Charles Quint　卡尔五世

Charles Ⅶ　查理七世

Clément V　克莱门五世

D

Dauphiné　多菲内

G

Gex　热克斯

J

James Ⅱ　詹姆士二世

Jerusalem　耶路撒冷

L

Languedoc　朗格多克

M

Malte　马耳他

Mary　玛丽

N

Necker　内克

Nevers　讷韦尔

P

Philippe le Bel　美男子菲利普

Pirée(希腊文名称:Peiraieus)　比雷埃夫斯

Poitou　普瓦图

R

Richelieu　黎塞留

S

Saint Jean　圣约翰

Saint Paul　圣保罗

Seguiran, Pierre de　皮埃尔·德·塞吉朗

Senecey　色内塞

T

Tory　托利党人

W

whig　辉格党人

william　威廉

图书在版编目(CIP)数据

论特权　第三等级是什么?/(法)西耶斯著;冯棠译.
—北京:商务印书馆,2017
(汉译世界学术名著丛书:120年纪念版:珍藏本)
ISBN 978-7-100-14480-3

Ⅰ.①论…　Ⅱ.①西…②冯…　Ⅲ.①法国大革命(1789～1794)—政论　Ⅳ.①D756.521

中国版本图书馆CIP数据核字(2017)第153290号

汉译世界学术名著丛书
(120年纪念版·珍藏本)
论特权　第三等级是什么?
〔法〕西耶斯　著
冯棠　译
张芝联　校

商　务　印　书　馆　出　版
(北京王府井大街36号　邮政编码100710)
商　务　印　书　馆　发　行
北京新华印刷有限公司印刷
ISBN 978-7-100-14480-3

2017年12月第1版　　开本710×1000　1/16
2017年12月北京第1次印刷　　印张6½
定价:35.00元